CUISINE INDONÉSIENNE

Kusuma Widjaya et Roland Marske

Photos
Odette Teubner et Dorothee Gödert

HACHETTE

table des matières

Conimex
Ketjap Manis
Sojasauce
nach indonesischer Art
LAOS
NETTO 20g

Un paysage magique : l'eau, la terre et l'exubérante végétation de l'Asie tropicale.

L'Indonésie est un archipel composé de plus de treize mille îles dont les plus connues sont Java, Bali, Sumatra et Bornéo.
Sa population est une mosaïque de peuples aux traditions et aux langues multiples (on en dénombre 468 !). Très tôt, l'archipel connut des migrations de populations différentes. Tout d'abord arrivèrent des marchands chinois qui influencèrent très fortement l'Indonésie sur le plan culturel. Au début de l'ère chrétienne, des marins, des artisans et des prêtres venus d'Inde introduisirent le bouddhisme et l'hindouisme. Plus tard, les marchands et érudits arabes y implantèrent l'islam. De même, l'histoire de l'Indonésie fut toujours instable sur le plan politique : les îles furent d'abord colonisées par les Portugais, puis les Hollandais et même, quelques temps, par les Britanniques. Les Indonésiens furent toujours perméables aux influences étrangères. C'est ainsi que, touchée par toutes les grandes civilisations du monde, l'Indonésie est parvenue à se forger sa propre individualité.

La cuisine indonésienne
Le contact avec des civilisations étrangères des siècles durant a laissé une empreinte incontestable sur l'art culinaire merveilleusement varié de l'Indonésie. La cuisine indonésienne est tout en contraste et cependant pleine d'harmonie, de douceur fleurant bon les épices exotiques et la citronnelle ; des sauces crémeuses au lait de coco (*curries*) accompagnent des plats piquants (*sambal*) préparés avec une profusion de piments rouges. Le sucré, l'acide et le salé sont en permanence subtilement combinés. Harmonie et équilibre sont de mise non seulement dans le goût mais aussi dans la consistance des aliments. Ainsi sert-on, par exemple, des plats au riz moelleux et des salades en même temps que de petits amuse-gueule frits croustillants.

Influences chinoises

Pendant des millénaires, les Chinois ont pratiqué un commerce intense avec l'Indonésie et ont implanté des comptoirs sur les rivages de l'archipel. Ils ont ajouté leur touche à la cuisine locale. Non seulement les Chinois ont apporté en abondance les épinards, les aubergines, les concombres et le tofou, mais c'est à eux que les Indonésiens doivent leur ustensile de cuisine le plus important : le *wok* (en indonésien, *wajan*), marmite en métal avec un fond arrondi et des côtés évasés. Ils ont aussi emprunté aux Chinois l'art de la préparation : ainsi l'important est de préserver, si possible de façon naturelle, la qualité de goût propre à chaque ingrédient. C'est pourquoi, à l'exemple chinois, les mets sont cuits rapidement. Mais l'utilisation généreuse du piment nous fait sentir que l'on mange indonésien.

Influences indiennes

Les influences indiennes se manifestent non seulement dans l'emploi incomparable des épices et des aromates, mais aussi dans la préparation des curries. Ici viandes et légumes cuisent longuement dans une sauce savoureuse. Le mélange d'épices est presque identique dans les deux pays. Mais, alors que les Indiens utilisent volontiers le yogourt pour confectionner leur sauce, les curries indonésiens ont une saveur riche et une texture moelleuse dues à l'utilisation du lait de coco : celui-ci est extrait de jeunes noix de coco. Pour l'obtenir, la pulpe des noix est cassée en morceaux, râpée, puis pressée.

Influences musulmanes

Incontestablement, l'influence musulmane se reflète non seulement dans la vie de la société indonésienne mais aussi dans sa tradition culinaire. 90 % des Indonésiens sont musulmans. C'est pourquoi la viande de porc, dont la consommation est interdite par le Coran, est absente de la plupart des menus indonésiens. En revanche, elle est consommée à Bali et dans les foyers chinois et chrétiens. Le mois de jeûne musulman, le Ramadan, au cours duquel on ne doit ni manger ni boire du lever au coucher du soleil, est strictement observé par de nombreux Indonésiens.

Influences hollandaises

Les Hollandais enrichirent la cuisine indonésienne avant tout par l'introduction de légumes. Beaucoup d'entre eux portent encore aujourd'hui leur nom

Héritage chinois : le wok (en indonésien : le wajan), à mi-chemin entre la poêle et la marmite. C'est l'ustensile le plus important de la cuisine indonésienne. On y cuit rapidement tous les ingrédients. Ainsi conservent-ils au mieux leurs substances nutritives et leur goût propre.

hollandais. Par exemple : le chou (*Kol*), les haricots (*Buncis*), les carottes (*Wortel*) et les tomates (*Tomat*). Mais, en dehors de cela, l'influence des Hollandais sur la cuisine indonésienne fut plutôt modeste. Tout au contraire, les Hollandais se laissèrent séduire par la cuisine indonésienne et rapportèrent en Europe l'une de ses meilleures spécialités : le *rijstafel* (la table de riz). De nombreux produits, que nous achetons chez nous dans les épiceries asiatiques, sont fabriqués aux Pays-Bas.

Particularités régionales

La cuisine d'un État se composant d'une mosaïque d'îles et de peuples est naturellement empreinte de nombreuses particularités régionales. Alors que, pour les habitants des côtes, la mer est la principale pourvoyeuse de nourriture, poissons d'eau douce et poissons de mer ne parviennent à l'intérieur du pays qu'à l'état séché. Certes beaucoup de paysans de l'arrière-pays enrichissent leur menu en élevant des poissons dans les rizières inondées. Mais la base de leur alimentation se limite en grande partie aux produits régionaux, principalement le riz, ainsi que quelques légumes cultivés en bordure des champs. Dans les régions impénétrables, où règne la forêt tropicale, l'éventail des denrées alimentaires apparaît tout autre.

Dans les régions côtières, on mange surtout du poisson frit. À l'intérieur du pays, le poisson est rare, c'est pourquoi de nombreux paysans producteurs de riz élèvent des poissons dans leurs rizières inondées.

La cueillette des fruits, des noix et des racines joue encore ici un grand rôle.

La viande est trop chère pour la majorité de la population. Bien qu'elle soit fort prisée, sa consommation est beaucoup plus réduite qu'en Europe.

La cuisine la plus célèbre en Indonésie est celle de Padang, à l'ouest de Sumatra. Dans tout l'archipel indonésien, des restaurants servent la cuisine de Padang. On la reconnaît aux innombrables plats exposés dans les vitrines et dont la vue vous met l'eau à la bouche. Dans ces restaurants, on offre au client un petit bol plein de chacun de ces plats. La cuisine javanaise (Java est l'île principale de l'archipel indonésien ; Djakarta en est la capitale) est aussi répandue dans toute l'Indonésie, car il est fréquent de trouver des Javanais qui dirigent des restaurants dans les autres îles. Les plats sont plutôt doux, avec une note légèrement sucrée, parce que les cuisiniers javanais ajoutent volontiers un peu de sucre de palme aux aliments. C'est la raison pour laquelle le sucre de palme s'appelle en Indonésie « *gula Jawa* », mot à mot : « le doux Java ». La prédilection des Javanais pour le sucré apparaît aussi dans les excellents desserts

exotiques, que les habitants confectionnent avec des combinaisons diverses de riz, de noix de coco et de sucre de palme.
La cuisine de Bali est sûrement la plus diverse et la plus somptueusement colorée. Sur cette île volcanique, couverte d'une végétation équatoriale luxuriante, croissent toutes sortes de fruits et de légumes qu'on a peine à imaginer : ananas, papayes, bananes, mangues, rambutans, mangoustans… Le riz y est récolté trois fois par an. La mer offre du poisson en grande quantité. Et comme les Balinais ne sont pas musulmans mais hindouistes, la viande de porc est aussi très appréciée.
Enfin, il faut encore mentionner la cuisine de Sulawesi. Très variée, elle est peut-être la cuisine la plus exotique de l'Indonésie : poissons rouges, chiens, chauves-souris, serpents enrichissent ici la carte !
Mais quelle que soit la cuisine considérée, le riz est, comme partout en Asie du Sud-Est, l'aliment de base. Les Indonésiens connaissent de nombreuses variétés de riz et encore plus de manières de l'accommoder. Ce n'est qu'à Timor qu'on lui préfère le maïs, et, aux Moluques et à Irian Jaya (Nouvelle-Guinée occidentale), le manioc, robuste tubercule d'un arbuste de la famille des euphorbiacées qui fournit une fécule alimentaire, le tapioca.

Le *rijstafel*

Toute la diversité de la cuisine indonésienne s'épanouit dans le célèbre *rijstafel* ou « table de riz » (*selamatan*, en indonésien). L'origine du nom remonte à l'époque coloniale hollandaise, quand on donnait en Indonésie des banquets plantureux. Imaginez les convives assis autour d'un immense plateau de bois. Au centre, un plat de riz géant, et, tout autour, trente à quarante plats cuisinés différents ! Chacun se sert de riz et goûte, l'un après l'autre, un peu de chaque plat. On assiste rarement aujourd'hui

Qu'il soit collant ou non, nature ou épicé, le riz est l'aliment de base des Indonésiens. On le cultive en plaine mais aussi en terrasses – un travail harassant, le plus souvent effectué par les femmes.

Dans les rues, des marchands ambulants proposent toutes sortes de boissons : limonades, jus de fruits frais.

à de tels repas gargantuesques, sauf lors des fêtes religieuses ou bien pour célébrer la fin des récoltes ou de la saison des pluies.

Les repas à la maison

À la maison, les repas quotidiens sont en revanche très simples ; certes on retrouve toujours le *rijstafel* mais sous une forme plus modeste : au centre de la table trône naturellement le plat de riz. Sans lui, un repas ne serait pas complet. Deux ou trois plats de viande, de poisson ou de légumes, des soupes et différentes sauces parfumées l'accompagnent. Ils donnent surtout du goût au riz. Tous les mets sont proposés en même temps. Chacun se sert d'abord un peu de riz, puis le recouvre avec des petites portions des autres plats présentés sur la table. Desserts et fruits sont offerts, comme chez nous, en fin de repas.
S'il y a des invités, on apporte toujours aux hôtes, en signe de convivialité, plus de nourriture qu'ils ne peuvent en manger.
Les aliments sont servis dans des assiettes ou des feuilles de bananier et non dans des bols comme chez les Chinois. Les Indonésiens mangent traditionnellement avec les doigts de la main droite, ce qui n'est pas bien difficile lorsque le riz est collant, mais ils utilisent aussi les couverts. Tout comme en Chine, n'importe quel plat peut être mangé à toute heure du jour. Petit déjeuner, déjeuner et dîner ne se distinguent que par leur abondance. C'est le dîner qui est le repas le plus important car il réunit toute la famille.

Les boissons

Au cours des repas, les Indonésiens boivent généralement de l'eau ou du thé sucré. Il leur arrive de consommer aussi des boissons alcoolisées mais uniquement lors d'occasions particulières. Bien entendu, dans les îles où les habitants sont majoritairement musulmans, l'alcool est prohibé. Souvent cette interdiction ne concerne que la consommation des spiritueux occidentaux. En revanche, la plupart des Indonésiens ne résistent pas aux alcools « maison ». Les plus connus sont les différentes sortes, plutôt douces, de *tuak* (vin de palme) et de *brem* (alcool de riz), à haute teneur en alcool. De l'alcool de riz on tire aussi, par distillation, l'*arak* qui ressemble à notre eau-de-vie de grain, et que l'on boit de préférence dans les cafés. Dans les centres touristiques, on trouve de la bière, fabriquée sous licence de marques européennes. Mais comme les bars qui possèdent un réfrigérateur sont rares, on la sert le plus souvent tiède ou avec des glaçons ! En revanche, l'éventail des boissons non alcoolisées est impressionnant. Les jus de fruits frais (ananas, oranges, fruits de la passion, etc.) sont très appréciés, ainsi que les mélanges, appelés *stroop* : par exemple, l'*es kopyor* fait à partir de sirop de rose, de noix de coco et de glace, le *markisa*, à base de fruits de la passion, ou encore l'*es dawet*, un lait de coco au sucre de palme caramélisé.

Les ingrédients originaux

Vous trouverez tout ce dont vous avez besoin pour préparer la cuisine indonésienne dans les épiceries asiatiques et dans les rayons spécialisés des grandes surfaces. Si vous voulez en faire souvent, le plus simple est de constituer un petit stock des ingrédients fréquemment utilisés dans les recettes. Comme de nombreux produits vendus dans les épiceries asiatiques proviennent des Pays-Bas, de Grande-Bretagne et même directement d'Asie, il n'est pas toujours facile de déchiffrer les indications portées sur les emballages. Demandez conseil à un vendeur et utilisez comme guide d'achat la liste des ingrédients suivants.

L'*agar-agar*

Également appelé gélose, c'est un gélifiant naturel provenant des algues. Disponible en poudre de différentes couleurs ou en bâtonnets translucides de 30 cm de long, il s'emploie exactement comme de la gélatine. Avant utilisation, les bâtonnets doivent être cassés en petits morceaux et mis à tremper dans un peu d'eau. L'*agar-agar* s'achète dans les magasins de produits naturels et de diététique.

Citronnelle (*Sereh*)

Longue tige semblable à un jonc, à la saveur citronnée, on en emploie seulement la moitié inférieure blanche et renflée. Elle se marie bien avec l'ail, les piments et la coriandre fraîche, et doit être retirée du plat avant de servir. Si la tige n'est plus très fraîche, ôtez-en les feuilles sèches.

Curcuma (*Kunyit*)

De la même famille que le gingembre, ce rhizome est très prisé pour sa belle couleur dorée. Son goût est piquant et amer, donc utilisez-le avec parcimonie. En Occident, on l'achète séché ou en poudre. Le curcuma est un composant essentiel de la poudre de curry.

Farine de riz

Issue du riz blanc, la farine de riz est utilisée pour les mets sucrés. En Occident, les magasins de diététique la recommandent pour les régimes et pour l'alimentation des bébés.

Le marché est un lieu coloré qui permet d'approcher la vie quotidienne des habitants.

Feuilles de bananier (*Daun pisang*)
Les feuilles géantes des bananiers sont très pratiques : elles servent à envelopper les aliments qui peuvent y être grillés, cuits normalement ou à la vapeur. On ne les mange pas. On peut les acheter surgelées ou déshydratées. Les feuilles déshydratées doivent être trempées dans l'eau avant utilisation.

Galanga (*Laos*)
Ce rhizome est également appelé « gingembre siamois ». Il est plus doux mais aussi plus acide que le gingembre. Moulu, il est vendu sous le nom de « poudre laos ».

Gingembre (*Jahe*)
Le gingembre est le pilier de la cuisine indonésienne. On le trouve frais toute l'année et il se conserve trois à quatre semaines dans le bas du réfrigérateur. Une fois coupé en lamelles ou râpé, on le fait revenir avec des oignons et de l'ail en remuant constamment. En aucun cas la poudre de gingembre ne peut être cuisinée de cette façon : elle prendrait alors un goût amer à la cuisson.

Lait de coco (*Santen*)
Ingrédient essentiel de la cuisine indonésienne, le lait de coco – à ne pas confondre avec le liquide clair qui est à l'intérieur des noix – s'obtient en râpant de jeunes noix de coco. On l'achète frais, en poudre à diluer, en crème concentrée ou en boîte, mais vous pouvez aussi le préparer vous-même. Pour cela, versez 50 cl d'eau bouillante sur 500 g de noix de coco râpée et laissez reposer jusqu'à ce que le liquide soit froid. Mixez et filtrez. Le lait pourra se conserver 24 h au réfrigérateur.

Noix kemiri
Ces noix de couleur crème sont utilisées, une fois râpées, pour aromatiser et épaissir soupes et curries. Les noix ont une coquille très dure, difficile à enlever. Achetez-les de préférence décoquillées. À défaut, vous pouvez les remplacer par des noix du Brésil.

Pâte de crevettes (*Trasi*)
Le *trasi* indonésien est une pâte ferme de crevettes séchées et broyées, disponible crue ou grillée. Comme son goût est extrêmement piquant, il convient de l'utiliser avec modération. Dans cet ouvrage, nous employons exclusivement le *trasi* grillé, moins agressif pour les palais européens. Il est vendu sous la forme de blocs dans les épiceries asiatiques.

Riz collant (*Ketan*)
C'est une variété de riz à grain moyen et à forte teneur en amidon. Il est facile de porter à la bouche les grains qui se sont agglutinés les uns aux autres à la cuisson. On l'utilise en Indonésie et dans tous les pays où l'on mange traditionnellement avec les doigts. Le riz collant est très nourrissant.

Un mariage insolite mais délicieux : celui de la viande et du lait de coco.

La cuisine indonésienne utilise abondamment les piments.

Sambal ulek
Assaisonnement typique et « brûlant » de la cuisine indonésienne, composé de piments rouges pilés avec de l'huile et du sel. On en met quasiment dans chaque plat. À côté du *sambal ulek*, on trouve quantités de sauces aromatiques, appelées *sambals*, servies séparément, dans de petites coupelles.

Sucre de palme (*Gula jawa, gula melakka*)
Il provient de la sève de cocotier ou du palmier Borasus. Sa saveur incomparable ne saurait être remplacée par du sucre ordinaire. La plupart de nos recettes utilisent – sauf indication contraire – du sucre de palme cristallisé. Mais il existe aussi sous forme de pâte. Vous pouvez éventuellement utiliser de la cassonade.

Sauce de soja (*Kecap asin*)
Sauce savoureuse, très salée, provenant des haricots de soja. Elle remplace le sel.

Sauce de soja sucrée (*Kecap manis*)
Variante plus épaisse et plus sucrée de la sauce de soja.

Tamarin (*Asam*)
Issu des gousses du tamarinier, le tamarin a une saveur aigre et fruitée. Aussi l'emploie-t-on souvent pour remplacer le vinaigre. Vendu en blocs de pulpe de 500 g, il se garde longtemps au réfrigérateur.

Tempe (*Tempe*)
Le tempe est un délicieux pain de germes de soja, très riche en protéines (50 %). Il a un goût légèrement fermenté, mais qui disparaît à la cuisson. On l'achète dans les épiceries asiatiques.

Tofou (*Tahu*)
Grâce à sa haute teneur en protéines, il est très prisé par les végétariens qui le substituent à la viande. Fabriqué à partir de lait de soja caillé, il ressemble à un fromage. Le tofou est vendu frais ou emballé sous vide, sous forme de pain de 250 g ou 500 g, dans les magasins de produits naturels.

RIZ BLANC
Nasi putih

facile à préparer

Une portion contient environ :
250 cal. Protides 5 g.
Lipides 0 g. Glucides 59 g.

Pour 4 personnes
Préparation : 5 mn
Cuisson : 25 mn
Repos : 10 mn

- *300 g de riz parfumé (ou, à défaut, de riz patna à grain long)*
- *sel*

1. Rincez le riz sous l'eau courante, puis égouttez-le. Versez-le avec 60 cl d'eau salée dans une casserole équipée d'un couvercle hermétique. Portez à ébullition à feu vif.

2. Dès que l'eau bout, réduisez le feu. Poursuivez la cuisson, à couvert et à feu doux, de 15 à 20 mn.

3. Lorsque toute l'eau est absorbée, retirez la casserole du feu. Laissez reposer, à couvert, pendant environ 10 mn.

CONSEIL !

Si vous voulez préparer plus ou moins de riz, comptez comme proportion deux tasses d'eau pour une tasse de riz.

RIZ JAUNE
Nasi kuning

pour recevoir

Une portion contient environ :
250 cal. Protides 5 g.
Lipides 0 g. Glucides 59 g.

Pour 4 personnes
Préparation : 5 mn
Cuisson : 25 mn
Repos : 10 mn

- *300 g de riz à grain long*
- *1/2 cuil. à café de curcuma*
- *2 tiges de citronnelle*
- *1 bâton de cannelle*
- *sel*

1. Rincez bien soigneusement le riz sous l'eau courante jusqu'à ce que celle-ci devienne limpide. Puis égouttez-le et versez-le avec 60 cl d'eau, le curcuma et du sel dans une casserole équipée d'un couvercle hermétique. Ajoutez la citronnelle cassée en fragments ainsi que la cannelle. Portez le tout à ébullition à feu vif.

2. Dès que l'eau bout, réduisez le feu. Poursuivez la cuisson du riz à feu doux et à couvert, pendant 15 à 20 mn.

3. Lorsque toute l'eau est absorbée, retirez la casserole du feu. Laissez gonfler 10 mn à couvert. Avant de servir, retirez la citronnelle et la cannelle.

RIZ À LA NOIX DE COCO
Nasi uduk

raffiné

Une portion contient environ :
612 cal. Protides 8 g.
Lipides 36 g. Glucides 64 g.

Pour 4 personnes
Préparation : 5 mn
Cuisson : 25 mn
Repos : 10 mn

- *300 g de riz à grain long*
- *40 cl de lait de coco*
- *sel*

1. Rincez le riz sous l'eau courante, puis égouttez-le. Versez-le avec le lait de coco, 20 cl d'eau et du sel dans une casserole équipée d'un couvercle hermétique. Portez le tout à ébullition à feu vif.

2. Dès que le liquide bout, réduisez le feu. Poursuivez la cuisson, à feu doux et à couvert, pendant 15 à 20 mn.

3. Lorsque le liquide est complètement absorbé, ôtez la casserole du feu. Laissez gonfler, à couvert, pendant encore 10 mn.

Au premier plan : riz à la noix de coco.
Au centre : riz jaune.
À l'arrière-plan : riz blanc.

RIZ COLLANT
Ketan

rapide

Une portion contient environ :
210 cal. Protides 4 g.
Lipides 0 g. Glucides 49 g.

Pour 4 personnes
Préparation : 5 mn
Cuisson : 25 mn
Repos : 10 mn

- *250 g de riz collant (ketan)*
- *sel*

1. Rincez le riz, puis égouttez-le. Versez-le dans une casserole dont le couvercle ferme hermétiquement. Ajoutez 50 cl d'eau salée et portez à ébullition à feu vif.

2. Dès que l'eau bout, réduisez le feu et laissez cuire à couvert pendant encore 10 mn.

3. Lorsque toute l'eau est absorbée, retirez la casserole du feu. Laissez gonfler 10 mn à couvert.

♦ Comme son nom l'indique, ce riz a la particularité de voir ses grains s'agglutiner les uns aux autres à la cuisson, ce qui est très pratique lorsque l'on mange avec les doigts comme en Indonésie. Il suffit de saisir de petites portions de riz avec les doigts et de les porter à la bouche. Le riz collant est généralement servi tiède en accompagnement de plats de viande épicés.

BOUCHÉES DE RIZ
Lontong

à préparer à l'avance

Une bouchée contient environ :
50 cal. Protides 1 g.
Lipides 0 g. Glucides 12 g.

Pour 20 bouchées
Préparation : 30 mn
Cuisson : 45 mn

- *1 feuille de bananier surgelée (ou, à défaut, de l'aluminium ménager)*
- *300 g de riz collant (ketan)*
- *sel*
- *10 pique-olives en bois pour fermer*

1. Faites décongeler la feuille de bananier et découpez-la en vingt carrés de 15 cm de côté.

2. Roulez ensuite chaque carré de façon à obtenir un cylindre de la largeur d'un doigt. Fermez l'une des extrémités avec la moitié d'un pique-olive (si vous utilisez de l'aluminium, pliez-le simplement deux fois).

3. Rincez le riz, puis égouttez-le. Remplissez chaque cylindre jusqu'au tiers avec du riz (n'en mettez pas plus, car il va gonfler en cuisant). Fermez l'autre extrémité avec la moitié d'un pique-olive.

4. Rangez les rouleaux garnis de riz les uns contre les autres dans une casserole. Couvrez-les d'eau à hauteur plus 1 cm. Salez et faites cuire 45 mn à feu moyen, jusqu'à ce que le riz ait bien gonflé et que les cylindres soient pleins.

5. Ôtez les rouleaux de la casserole et laissez-les un peu refroidir (à ce stade, le riz doit coller et former un bloc compact). Débitez-les en rondelles avec ou sans la feuille de bananier – mais retirez l'aluminium.

♦ Ces bouchées de riz accompagnent parfaitement les soupes et les plats de viande. La feuille de bananier ne se mange pas.

CONSEIL !

Si vous êtes pressé, préparez ces bouchées de riz la veille et faites-les griller ou réchauffer au bain-marie 20 mn avant de servir.

Au premier plan : bouchées de riz.
À l'arrière-plan : riz collant.

BROCHETTES DE BŒUF SAUCE AUX CACAHUÈTES

Sate daging

demande un peu de temps

Une portion contient environ : 1110 cal. Protides 53 g. Lipides 95 g. Glucides 11 g.

Pour 4 personnes
Préparation : 40 mn
Cuisson : 20 mn - Marinade : 1 h

- *750 g de filet de bœuf*

Pour la marinade :

- *3 cuil. à soupe de sauce de soja sucrée*
- *3 cuil. à soupe de sauce de soja*
- *1/2 cuil. à café de sambal ulek*

Pour la sauce :

- *200 g de cacahuètes grillées salées*
- *40 cl de lait de coco*
- *1 morceau de gingembre de la taille d'un pouce*
- *le jus de 1/2 citron*
- *3 cuil. à soupe de sauce de soja sucrée*
- *1 cuil. à soupe de sauce de soja*
- *1 cuil. à soupe de sucre de palme*
- *1/2 cuil. à café de sambal ulek*
- *3 cuil. à soupe d'huile*
- *40 brochettes en bois de 12 cm de long*

1. Séchez la viande avec du papier absorbant et détaillez-la en dés de 2 cm. Enfilez quatre dés par brochette, en laissant un petit intervalle entre les dés, et placez-les de telle façon que l'on puisse saisir la brochette par l'extrémité sans pointe.

2. Aplatissez les brochettes avec vos doigts et rangez-les dans un plat en les serrant les unes contre les autres.

3. Confectionnez la marinade en délayant les deux sauces de soja et le *sambal ulek*. Répandez ce mélange sur les brochettes. Entreposez celles-ci, à couvert, au réfrigérateur pendant au moins 1 h, en ayant soin de les tourner de temps à autre.

4. Préparez la sauce : pilez les cacahuètes dans un mortier ou bien broyez-les au mixeur. Pelez et râpez finement le gingembre.

5. Faites chauffer l'huile dans une casserole, puis faites-y revenir les cacahuètes pilées et le gingembre râpé, à feu moyen, pendant 2 mn, en remuant constamment à l'aide d'une spatule. Préchauffez le four à 250 °C (th. 8).

6. Ajoutez ensuite le lait de coco, le jus de citron, les deux sauces de soja, le sucre de palme et le *sambal ulek*. Laissez bouillotter cette sauce pendant 10 mn, à feu doux, sans cesser de remuer, jusqu'à ce qu'elle ait pris la consistance d'une mayonnaise.

7. Ôtez les brochettes de la marinade, égouttez-les et enfournez-les à la glissière supérieure. Faites-les griller de tous côtés pendant 5 à 7 mn, jusqu'à ce que la viande ait pris une belle coloration brune. Vous pouvez aussi les faire rôtir dans une poêle à feu moyen.

8. Nappez les brochettes de sauce aux cacahuètes avant de servir. Offrez du riz en accompagnement.

VARIANTE

Vous pouvez bien sûr réaliser ces brochettes avec d'autres viandes telles que l'agneau (*sate kambing*), le porc (*sate babi*) ou le poulet (*sate ayam*), mais aussi des crevettes (*sate udang*) et même du tofou (*sate tahu*).

CONSEIL !

Si vous possédez un gril de table, vos invités pourront faire griller eux-mêmes leurs brochettes. Vous pouvez trouver de la sauce aux cacahuètes prête à l'emploi dans les épiceries asiatiques.

SALADE DE LÉGUMES SAUCE AUX CACAHUÈTES

Gado gado

demande un peu de temps

Une portion contient environ :
860 cal. Protides 29 g.
Lipides 74 g. Glucides 19 g.

Pour 4 personnes

Préparation et cuisson : 1 h

- *150 g de haricots verts*
- *1 carotte*
- *250 g de germes de soja frais*
- *1 bouquet de cresson alénois (à défaut 100 g de mâche)*
- *75 g de feuilles de chou blanc*
- *1 petit poireau*
- *1/2 petit concombre*
- *1 poivron jaune ou rouge orangé*
- *4 œufs durs*

Pour la sauce :

- *200 g de cacahuètes grillées*
- *40 cl de lait de coco*
- *1 morceau de gingembre de la taille d'un pouce*
- *le jus de 1/2 citron*
- *3 cuil. à soupe de sauce de soja sucrée (kecap)*
- *1 cuil. à soupe de sauce de soja*
- *1 cuil. à soupe de sucre de palme*
- *1/2 cuil. à café de sambal ulek*
- *3 cuil. à soupe d'huile*

1. Lavez les haricots, effilez-les et coupez-les en morceaux de 5 cm de long. Pelez et lavez la carotte, puis coupez-la en rondelles fines. Rincez rapidement les germes de soja, le cresson et les feuilles de chou blanc. Nettoyez le poireau, fendez-le en deux et coupez-le en anneaux fins. Détaillez les feuilles de chou en petits morceaux. Faites bouillir de l'eau salée.

2. Plongez tour à tour les feuilles de chou, le poireau, puis les germes de soja dans l'eau bouillante pendant 3 mn. Retirez et égouttez. Faites cuire ensuite *al dente* les haricots verts et la carotte pendant 5 mn. Égouttez-les.

3. Pelez le concombre et coupez-le en rondelles fines. Coupez le poivron en fines lanières. Coupez les œufs durs en quartiers.

4. Préparez la sauce : broyez les cacahuètes au mixeur. Pelez et râpez finement le gingembre.

5. Faites chauffer l'huile dans une casserole, puis faites-y revenir les cacahuètes et le gingembre, à feu moyen, pendant 2 mn, en remuant avec une spatule. Ajoutez ensuite le lait de coco, le jus de citron, les deux sauces de soja, le sucre de palme et le *sambal ulek*. Réduisez le feu et laissez cuire 10 mn, à feu doux, sans cesser de remuer, jusqu'à ce que la sauce ait pris la consistance d'une mayonnaise.

6. Répartissez tous les légumes et les quartiers d'œufs durs dans les assiettes, et nappez-les de sauce. Servez tiède.

♦ Cette salade peut être servie comme repas léger, en été, ou comme garniture avec du riz. C'est aussi un plat végétarien complet. Vous pouvez l'accompagner de chips aux crevettes.

VARIANTE

Variez la composition de légumes selon votre goût : les pommes de terre, le chou-fleur, le brocoli, le maïs frais ou en conserve et les épinards frais conviennent aussi parfaitement. Vous pouvez aussi remplacer les œufs durs par des tranches ou des boulettes de tofou.

Composition inhabituelle, voici des légumes frais et croquants, nappés d'une sauce crémeuse à base de cacahuètes.

NOUILLES SAUTÉES
Mie goreng

facile à préparer

Une portion contient environ :
560 cal. Protides 30 g.
Lipides 15 g. Glucides 76 g.

Pour 4 personnes

Préparation et cuisson : 40 mn

- *250 g de grillade de porc*
- *250 g de brocoli*
- *4 feuilles de chou chinois*
- *1 carotte*
- *400 g de nouilles asiatiques*
- *1 oignon moyen*
- *2 gousses d'ail*
- *1 morceau de gingembre de la taille d'un pouce*
- *1/4 de cuil. à café de pâte de crevettes séchées (trasi)*
- *1/4 ou 1/2 cuil. à café de sambal ulek*
- *2 cuil. à soupe de sauce de soja*
- *2 cuil. à café de sucre de palme*
- *sauce de soja sucrée (kecap manis)*
- *3 cuil. à soupe d'huile*
- *sel*

1. Faites cuire les nouilles, puis rafraîchissez-les à l'eau froide.

2. Portez à ébullition une grande quantité d'eau salée. Séparez les bouquets du brocoli et plongez-les 3 mn dans l'eau bouillante. Rafraîchissez-les et égouttez-les. Taillez la viande en fines lanières.

3. Pelez la carotte et coupez-la en fins bâtonnets. Hachez l'oignon et écrasez l'ail. Coupez le chou en fines lanières. Pelez et râpez finement le gingembre. Émiettez la pâte de crevettes.

4. Faites chauffer l'huile dans un *wok*. Ajoutez la viande, l'oignon, l'ail, le gingembre, la pâte de crevettes et le *sambal ulek*. Faites cuire le tout 3 mn, à feu vif, en remuant constamment.

5. Ajoutez le brocoli, le chou et faites cuire 1 mn. Incorporez les nouilles, la sauce de soja, le sucre de palme et prolongez la cuisson 3 mn tout en remuant. Assaisonnez avec la sauce de soja sucrée.

RIZ FRIT
Nasi goreng

recette célèbre

Une portion contient environ :
530 cal. Protides 33 g.
Lipides 16 g. Glucides 64 g.

Pour 4 personnes

Préparation et cuisson : 40 mn

- *250 g de blancs de poulet*
- *200 g de crevettes décortiquées*
- *700 g de riz cuit et refroidi*
- *2 œufs*
- *1/2 bouquet d'oignons nouveaux*
- *1 petit poivron rouge*
- *2 gousses d'ail*
- *3 cuil. à soupe de sauce de soja*
- *2 cuil. à soupe de ketchup*
- *1/4 ou 3/4 de cuil. à café de sambal ulek*
- *sauce de soja sucrée (kecap manis)*
- *5 cuil. à soupe d'huile*

Pour décorer :

- *1/4 de petit concombre*
- *4 cuil. à soupe d'oignons grillés (à acheter tout prêts)*

1. Taillez les blancs de poulet en fines lanières. Lavez les oignons. Détaillez la partie verte en tronçons de 4 cm de long, et la partie blanche en anneaux fins. Taillez le poivron en fines lanières. Pelez et écrasez les gousses d'ail.

2. Faites chauffer l'huile dans un *wok*. Battez les œufs et faites-les cuire en omelette avec l'huile. Enlevez l'omelette, laissez-la refroidir avant de la tailler en lanières.

3. Dans la graisse restante, faites cuire 2 mn, à feu vif, le poulet, les oignons, le poivron, l'ail et le *sambal ulek*. Ajoutez les crevettes et faites cuire 1 mn. Incorporez le riz et la sauce de soja, et poursuivez la cuisson pendant 3 mn. Retirez du feu pour incorporer le ketchup et les lanières d'omelette. Assaisonnez le tout avec la sauce de soja sucrée. Décorez le riz avec les oignons grillés et des rondelles de concombre.

Au premier plan : nouilles sautées.
À l'arrière-plan : riz frit.

SALADE DE CONCOMBRE

Ketimum asam manis

rapide

Une portion contient environ :
35 cal. Protides 1 g.
Lipides 0 g. Glucides 8 g.

Pour 4 personnes
Préparation : 10 mn

- *1 concombre moyen*
- *1 cuil. à soupe de menthe hachée*
- *2 cuil. à soupe de sucre de palme*
- *2 cuil. à soupe de vinaigre*
- *sel*

1. Pelez le concombre et coupez-le en deux. Éliminez les graines. Débitez les demi-concombres en rondelles fines et mettez-les dans un saladier.

2. Mettez le sucre de palme, le vinaigre, le sel ainsi que la menthe dans une jatte, et fouettez le tout énergiquement.

3. Versez la sauce sur les concombres et mélangez soigneusement.

♦ Cette salade, vite faite et rafraîchissante, peut venir en garniture de tous les plats épicés et du riz frit (voir p. 20).

SOUPE DE POULET AU LAIT DE COCO

Soto ayam santen

à préparer à l'avance

Une portion contient environ :
785 cal. Protides 43 g.
Lipides 61 g. Glucides 16 g.

Pour 4 personnes
Préparation : 30 mn
Cuisson : 40 mn

- *1 petit poulet (env. 800 g)*
- *100 g de germes de soja frais*
- *5 feuilles de citronnier (épicerie asiatique)*
- *10 noix kemiri*
- *50 g de nouilles transparentes*
- *40 cl de lait de coco*
- *3 tiges de citronnelle*
- *1 morceau de gingembre de la taille d'un pouce*
- *3 cuil. à soupe de jus de citron*
- *1/4 de cuil. à café de sambal ulek*
- *1/2 cuil. de curcuma*
- *sel*
- *4 cuil. à soupe d'oignons grillés pour servir*

1. Pelez et râpez finement le gingembre. Détaillez la partie blanche et renflée de la tige de citronnelle en lamelles très fines.

2. Mettez le poulet dans un faitout et couvrez-le d'eau à hauteur. Ajoutez le gingembre, la citronnelle, les feuilles de citronnier et le sel. Couvrez et faites cuire le tout pendant 30 mn à feu vif.

3. Pendant ce temps, râpez finement les noix kemiri. À l'aide de ciseaux, coupez les nouilles en morceaux d'environ 5 cm de long. Ébouillantez les germes de soja.

4. Sortez le poulet du bouillon et laissez-le refroidir. Ôtez la peau. Détachez la chair des os, coupez-la en petits morceaux.

5. Mettez les morceaux de poulet dans le bouillon avec les noix kemiri, les nouilles et les germes de soja. Assaisonnez le tout avec le *sambal ulek*, le curcuma et le jus de citron. Versez le lait de coco. Couvrez et laissez cuire encore 10 mn à feu doux.

6. Retirez les feuilles de citronnier. Répartissez la soupe dans les assiettes, parsemez avec les oignons grillés et servez aussitôt.

♦ Dans nos régions, cette soupe épicée se sert plutôt en entrée. Accompagnée de riz, comme cela se fait couramment en Indonésie, elle constitue alors un plat complet.

Au premier plan : salade de concombre.
À l'arrière-plan : soupe de poulet au lait de coco.

BEIGNETS DE BANANES
Pisang goreng

rapide

Une portion contient environ :
550 cal. Protides 4 g.
Lipides 35 g. Glucides 55 g.

Pour 4 personnes

Préparation et cuisson : 20 mn

- *12 mini-bananes (variété asiatique de bananes, à défaut 4 bananes courantes)*

Pour la pâte :
- *25 g de beurre*
- *10 cl de lait de coco*
- *75 g de farine de riz*
- *3 cuil. à soupe de noix de coco râpée*
- *2 cuil. à café de sucre*
- *1 pincée de sel*
- *1 litre d'huile pour la friture*

1. Pelez les bananes. (Si ce sont des bananes courantes, coupez-les en trois morceaux égaux.) Faites fondre le beurre, à feu doux, dans une petite casserole.

2. Dans un saladier, mettez le lait de coco, la farine de riz, le sel, le sucre, la noix de coco râpée et le beurre fondu. Travaillez tous ces ingrédients à l'aide d'un fouet pour obtenir une pâte lisse. Celle-ci doit avoir la consistance d'une mayonnaise.

3. Faites chauffer l'huile dans une friteuse. Tournez les bananes dans la pâte obtenue et faites-les dorer pendant 4 mn dans l'huile chaude par petites quantités. Attention aux projections d'huile ! Lorsqu'elles sont cuites, retirez-les à l'aide d'une écumoire et égouttez-les soigneusement sur du papier absorbant.

VARIANTE

Pour changer, vous pouvez remplacer les bananes par des tranches d'ananas frais ou en conserve soigneusement égouttées.

CREVETTES SAUTÉES AU PIMENT
Sambal goreng udang

onéreux

Une portion contient environ :
295 cal. Protides 23 g.
Lipides 21 g. Glucides 4 g.

Pour 4 personnes

Préparation et cuisson : 25 mn

- *500 g de crevettes décortiquées*
- *15 cl de lait de coco*
- *1 oignon*
- *2 gousses d'ail pelées*
- *2 piments rouges frais de 10 cm chacun*
- *environ 2 cm de galanga (à défaut du gingembre)*
- *1 cuil. à café de coriandre en poudre*
- *2 cuil. à soupe d'huile*
- *sel*

1. Rincez les crevettes dans une passoire. Pelez l'oignon, hachez-le. Pelez et râpez finement le *galanga*. Lavez, équeutez les piments, fendez-les en deux pour en éliminer les graines. Coupez chaque moitié en fines lanières.

2. Faites chauffer l'huile dans un *wok* ou dans une grande sauteuse. Faites revenir ensemble et à feu moyen, l'oignon, l'ail, le *galanga* et le piment, jusqu'à ce que l'oignon brunisse légèrement. Ajoutez alors les crevettes et laissez cuire le tout quelques minutes. Réduisez le feu. Incorporez le lait de coco, un peu de sel et la coriandre. Laissez mijoter, à feu doux, pendant encore 5 mn.

En haut : crevettes sautées au piment.
En bas : beignets de bananes.

PORC AIGRE-DOUX

Babi asam manis

rapide

Une portion contient environ :
510 cal. Protides 27 g.
Lipides 41 g. Glucides 8 g.

Pour 4 personnes
Préparation : 20 mn
Cuisson : 20 mn

- *600 g de viande de porc*
- *1 petit poireau*
- *2 tomates*
- *1 oignon*
- *2 gousses d'ail*
- *1 morceau de gingembre de la taille d'un pouce*
- *1 cuil. à soupe de pulpe de tamarin*
- *1/4 de cuil. à café de pâte de crevettes séchées (trasi)*
- *1/4 ou 1/2 cuil. à café de sambal ulek*
- *2 cuil. à soupe de sauce de soja*
- *1 cuil. à soupe de sucre de palme*
- *3 cuil. à soupe d'huile*

1. Pelez les tomates et épépinez-les, puis détaillez leur chair en petits dés. Travaillez la pulpe de tamarin avec 15 cl d'eau chaude. Écrasez la masse à travers une passoire pour en recueillir le jus. Jetez le reste.

2. Taillez la viande en petits dés. Épluchez l'oignon et coupez-le en lamelles. Pelez et écrasez les gousses d'ail. Pelez le gingembre et râpez-le finement. Lavez le poireau et coupez-le en anneaux fins. Écrasez la pâte de crevettes.

3. Faites chauffer l'huile dans un *wok* et faites-y revenir la viande, le poireau, l'oignon, l'ail et le gingembre 3 mn à feu vif. Réduisez le feu. Ajoutez la pulpe de tamarin, la pâte de crevettes, le *sambal ulek*, la sauce de soja et le sucre de palme. Laissez mijoter le tout, à feu doux, pendant encore 10 à 15 mn. Servez avec du riz.

PORC À LA SAUCE DE SOJA

Babi kecap

facile à préparer

Une portion contient environ :
520 cal. Protides 28 g.
Lipides 41 g. Glucides 10 g.

Pour 4 personnes
Préparation : 20 mn
Cuisson : 15 mn - Marinade : 1 h

- *600 g de viande de porc*
- *1 botte d'oignons nouveaux*
- *1 poivron rouge*
- *3 gousses d'ail*
- *1 cuil. à soupe de noix de coco râpée*
- *1 morceau de gingembre de la taille d'un pouce*
- *1/4 ou 1/2 cuil. à café de sambal ulek*
- *3 ou 4 cuil. à soupe de sauce de soja*
- *5 cuil. à soupe de sauce de soja sucrée (kecap manis)*
- *2 cuil. à café de sucre de palme*
- *3 cuil. à soupe d'huile*

1. Taillez la viande en lanières de 4 cm. Pelez et écrasez l'ail. Pelez le gingembre, râpez-le finement.

2. Mélangez la viande, l'ail et le gingembre avec la sauce de soja et le *sambal ulek*. Couvrez et laissez mariner pendant 1 h.

3. Nettoyez les oignons, puis coupez la partie verte en tronçons de 4 cm et la partie blanche en anneaux fins. Détaillez le poivron en fines lanières.

4. Faites chauffer l'huile dans un *wok*. Versez-y la viande avec la marinade, les oignons et le poivron. Faites cuire le tout 5 mn, à feu vif, en remuant constamment, et réduisez le feu. Incorporez la sauce de soja sucrée, le sucre de palme, 10 cl d'eau, et laissez mijoter encore 10 mn à feu doux, jusqu'à ce que la sauce ait épaissi. Parsemez avec la noix de coco râpée avant de servir.

Au premier plan : porc à la sauce de soja.
À l'arrière-plan : porc aigre-doux.

BŒUF AUX POUSSES D'AIL

Sambal goreng daging

rapide

Une portion contient environ :
305 cal. Protides 36 g.
Lipides 16 g. Glucides 4 g.

Pour 3 personnes

Préparation et cuisson : 20 mn

- *500 g de filet de bœuf*
- *3 gousses d'ail*
- *200 g de pousses d'ail en conserve (en épicerie asiatique ; à défaut 1 botte d'oignons nouveaux)*
- *2 piments rouges frais de 10 cm chacun*
- *1 morceau de gingembre de la taille d'un pouce*
- *3 cuil. à soupe de jus de citron*
- *2 cuil. à soupe de sauce de soja*
- *3 cuil. à soupe d'huile*

1. Taillez la viande en fines lanières. Lavez les piments, fendez-les en deux pour ôter les graines, puis coupez-les en fines lanières. Pelez, râpez finement le gingembre. Pelez l'ail, écrasez-le. Égouttez les pousses d'ail (ou nettoyez les oignons, coupez la partie verte en tronçons de 4 cm, et la partie blanche en anneaux fins.)

2. Faites chauffer l'huile dans un *wok* ou une grande poêle. Faites-y revenir la viande, les piments, le gingembre et l'ail 5 mn, à feu vif, en remuant constamment. Ajoutez les pousses d'ail (ou les oignons), le jus de citron et la sauce de soja, et laissez cuire encore 3 mn, à feu moyen. Servez avec du riz.

CONSEIL !

Les piments contiennent des huiles éthérées qui peuvent provoquer des irritations cutanées. Manipulez-les avec des gants en caoutchouc !

BŒUF EN DAUBE

Rendang daging

épicé

Une portion contient environ :
790 cal. Protides 43 g.
Lipides 64 g. Glucides 10 g.

Pour 4 personnes

Préparation : 15 mn

Cuisson : 1 h 10

- *750 g de bœuf à bourguignon coupé en dés de 2 cm*
- *40 cl de lait de coco*
- *1 gros oignon*
- *3 gousses d'ail*
- *1 morceau de gingembre de la taille d'un pouce*
- *1 cuil. à soupe de pulpe de tamarin*
- *1/4 de cuil. à café de pâte de crevettes séchées (trasi)*
- *1/2 ou 1 cuil. à café de sambal ulek*
- *1 cuil. à café de cumin moulu*
- *1 cuil. à café de coriandre moulue*
- *1 cuil. à café de curcuma*
- *3 cuil. à café de sucre de palme*
- *5 cuil. à soupe d'huile*
- *sel*

1. Travaillez la pulpe de tamarin avec 25 cl d'eau chaude, écrasez-la à travers une passoire pour en recueillir le jus et jetez le reste. Essuyez la viande avec du papier absorbant. Pelez et écrasez l'ail. Pelez l'oignon et hachez-le. Pelez et râpez finement le gingembre. Écrasez la pâte de crevettes.

2. Faites chauffer l'huile dans une cocotte, faites-y revenir la viande, l'oignon, le gingembre et l'ail à feu vif. Puis ajoutez la pâte de crevettes, le *sambal ulek*, le cumin, la coriandre, le curcuma, le sucre de palme et le sel, et laissez cuire jusqu'à ce que la viande ait pris une belle couleur brune de tous côtés.

3. Arrosez avec le jus de tamarin et le lait de coco. Portez quelques secondes à ébullition, puis laissez cuire pendant 1 h, à couvert et à feu doux. Servez chaud ou froid, avec du riz ou des galettes de pain indonésiennes.

Au premier plan : bœuf aux pousses d'ail.
À l'arrière-plan : bœuf en daube.

CUISSES DE POULET CROUSTILLANTES

Ayam goreng

facile à préparer

Une portion contient environ :
360 cal. Protides 63 g.
Lipides 9 g. Glucides 7 g.

Pour 4 personnes
Préparation : 10 mn
Cuisson : 20 mn

- *4 cuisses de poulet*
- *4 gousses d'ail*
- *un morceau de galanga de 2 cm (à défaut du gingembre)*
- *2 cuil. à soupe de sauce de soja*
- *3 cuil. à soupe de sauce de soja sucrée (kecap manis)*
- *3 cuil. à café de sucre de palme*
- *1 1/2 cuil. à café de poivre noir du moulin*

1. Préchauffez le four à 180 °C (th. 5). Mettez les cuisses de poulet dans un plat à four.

2. Pelez et écrasez l'ail. Pelez le *galanga* et râpez-le finement. Mélangez l'ail, le *galanga*, les deux sauces de soja, le sucre de palme et le poivre. Répandez ce mélange sur les cuisses de poulet.

3. Enfournez le plat et faites cuire pendant 30 mn, en retournant les cuisses de poulet une ou deux fois. Vérifiez la cuisson en piquant une cuisse avec la pointe d'un couteau. Elle est cuite si le jus qui s'en écoule est clair.

CURRY DE POULET À LA JAVANAISE

Ayam kari jawa

pour recevoir

Une portion contient environ :
930 cal. Protides 50 g.
Lipides 70 g. Glucides 25 g.

Pour 4 personnes
Préparation : 30 mn
Cuisson : 50 mn

- *1 poulet*
- *3 cuil. à soupe de noix de coco fraîchement râpée (ou prête à l'emploi)*
- *12 noix kemiri*
- *3 tiges de citronnelle*
- *3 oignons*
- *3 gousses d'ail*
- *40 cl de lait de coco*
- *1 morceau de gingembre de la taille d'un pouce*
- *1/2 cuil. à café de sambal ulek*
- *1 bâton de cannelle*
- *6 pincées de girofle moulu*
- *1 cuil. à café de coriandre moulue*
- *1/2 cuil. à café de noix muscade râpée*
- *3 cuil. à café de sucre de palme*
- *6 cuil. à soupe d'huile*
- *sel*

1. Coupez les cuisses et les ailes du poulet, puis fendez-le en deux le long du sternum et coupez chaque moitié en deux.

2. Pelez les oignons et hachez-les. Pelez et écrasez les gousses d'ail. Pelez le gingembre, râpez-le finement. Coupez la partie blanche et renflée de la citronnelle en fines rondelles. Râpez finement les noix kemiri. Mélangez tous ces ingrédients avec le girofle, la coriandre, le *sambal ulek*, la noix muscade, du sel, le sucre de palme et deux cuillerées à soupe d'huile.

3. Dans une grande cocotte, faites chauffer le reste de l'huile, faites-y revenir les morceaux de poulet de tous côtés à feu moyen. Réduisez le feu. Ajoutez le *sambal ulek* et faites cuire le tout 3 mn en remuant sans cesse. Ajoutez enfin le lait de coco et la cannelle, et laissez mijoter 30 mn, à couvert et à feu doux. Retirez la cannelle. Incorporez la noix de coco râpée et servez avec du riz.

Au premier plan : cuisses de poulet croustillantes.
À l'arrière-plan : curry de poulet à la javanaise.

Conimex
Ketjap Manis
Sojasauce

POISSON À LA BALINAISE

Ikan Bali

rapide

Une portion contient environ :
340 cal. Protides 38 g.
Lipides 18 g. Glucides 6 g.

Pour 4 personnes
Préparation : 20 mn
Cuisson : 25 mn

- *800 g de filet de poisson en tranches de 2 cm (cabillaud par exemple)*
- *2 oignons moyens*
- *3 tiges de citronnelle*
- *1 morceau de gingembre de la taille d'un pouce*
- *1 cuil. à soupe de pulpe de tamarin*
- *1/4 ou 1/2 cuil. à café de sambal ulek*
- *2 cuil. à café de sucre de palme*
- *1/2 cuil. à café de poudre laos*
- *2 cuil. à soupe de sauce de soja sucrée (kecap manis)*
- *8 cuil. à soupe d'huile*
- *1 cuil. à café de sel*

1. Travaillez la pulpe de tamarin avec 15 cl d'eau chaude, écrasez-la à travers une passoire pour en recueillir le jus. Jetez le reste. Pelez les oignons, hachez-les. Pelez et râpez finement le gingembre. Coupez la partie blanche de la citronnelle en rondelles fines.

2. Dans une poêle, faites revenir l'oignon, le gingembre, la citronnelle avec deux cuillerées à soupe d'huile, jusqu'à ce que l'oignon dore légèrement. Ajoutez le jus de tamarin, puis le *sambal ulek*, le sucre de palme, la poudre laos et la sauce de soja sucrée. Laissez mijoter 10 mn, à feu doux, jusqu'à ce que la sauce soit épaisse.

3. Frottez les tranches de poisson avec le sel. Faites chauffer le reste de l'huile dans une autre poêle et faites-y cuire les tranches de poisson 5 mn de chaque côté. Ôtez-les de la poêle, nappez-les de sauce.

DAURADES AU COCO

Ikan panggang santen

raffiné

Une portion contient environ :
815 cal. Protides 44 g.
Lipides 65 g. Glucides 13 g.

Pour 4 personnes
Préparation : 15 mn
Cuisson : 40 mn

- *4 petites daurades vidées et écaillées de 400 g chacune*
- *40 cl de lait de coco*
- *2 cuil. à soupe de noix de coco râpée*
- *2 oignons*
- *2 gousses d'ail*
- *2 piments rouges de 10 cm de long chacun*
- *1/2 bouquet de coriandre fraîche*
- *le jus de 1/2 citron*
- *2 cuil. à café de sucre de palme*
- *3 cuil. à soupe d'huile*
- *sel*
- *1 litre d'huile pour la friture*

1. Rincez les poissons, séchez-les. Avec un couteau, faites sur leurs flancs quelques incisions à 1 cm d'intervalle. Salez l'extérieur.

2. Pelez, hachez finement les oignons et les gousses d'ail. Lavez les piments, équeutez-les, fendez-les en deux pour en ôter les graines, puis taillez-les en lanières fines. Réservez quelques feuilles de coriandre, hachez le reste.

3. Faites chauffer l'huile de friture à 170 °C. Faites-y cuire les daurades 15 à 20 mn. Égouttez-les sur du papier absorbant.

4. Faites chauffer trois cuillerées d'huile dans une grande poêle. Faites-y revenir les oignons, l'ail et les piments, jusqu'à ce que les oignons soient légèrement dorés. Ajoutez le lait de coco, le jus de citron, les deux tiers de la coriandre et le sucre de palme. Déposez les poissons dans cette sauce et laissez mijoter le tout 15 mn à feu doux. Avant de servir, parsemez avec le reste de la coriandre et la noix de coco râpée.

Au premier plan : daurades au coco. À l'arrière-plan : poisson à la balinaise.

ROUGETS EN PAPILLOTES

Ikan isi

pour recevoir

Une portion contient environ : 360 cal. Protides 59 g. Lipides 12 g. Glucides 3 g.

Pour 4 personnes
Préparation : 15 mn
Cuisson : 40 mn

- *4 rougets vidés*
- *1 feuille de bananier surgelée (à défaut de l'aluminium ménager)*
- *1 oignon moyen*
- *2 gousses d'ail*
- *1 morceau de gingembre de la taille d'un pouce*
- *le jus de 1 citron*
- *3 cuil. à soupe de sauce de soja sucrée (kecap manis)*
- *1/4 de cuil. à café de cannelle moulue*
- *1/4 de cuil. à café de girofle moulu*
- *1/4 de cuil. à café de curcuma*
- *1/2 cuil. à café de cumin moulu*
- *2 cuil. à café de coriandre moulue*
- *1 1/2 cuil. à café d'huile*
- *poivre noir du moulin*
- *pique-olives en bois*

1. Faites décongeler la feuille de bananier, puis à l'aide d'une paire de ciseaux, découpez quatre rectangles de 30 x 40 cm. Préchauffez le four à 200 °C (th. 6). Rincez les poissons, séchez-les bien et pratiquez sur leurs flancs quelques incisions à 1 cm d'intervalle.

2. Pelez et hachez l'oignon. Pelez et écrasez les gousses d'ail. Pelez le gingembre et râpez-le finement. Mélangez l'oignon, l'ail, le gingembre, l'huile, la sauce de soja sucrée, le jus de citron, la cannelle, le girofle, le curcuma, le cumin, du poivre et la coriandre.

3. Garnissez le ventre des rougets avec cette pâte. Badigeonnez-les à l'extérieur avec le reste de la pâte. Enveloppez chaque poisson dans un rectangle de feuille de bananier. Fermez celle-ci à l'aide d'un pique-olive.

4. Rangez ces « papillotes » dans un plat et laissez-les cuire pendant 40 mn au four. Servez les poissons ainsi préparés : chaque convive ouvrira sa papillote.

BEIGNETS DE FRUITS DE MER

Ikan goreng

onéreux

Une portion contient environ :
500 cal. Protides 42 g.
Lipides 27 g. Glucides 21 g.

Pour 4 personnes

Préparation et cuisson : 50 mn

- *200 g de crevettes moyennes décortiquées*
- *200 g de calmars en morceaux*
- *200 g de noix de Saint-Jacques*
- *200 g de filet de daurade*
- *200 g de filet de cabillaud*

Pour la pâte :

- *75 g de farine*
- *3 cuil. à soupe de farine de manioc (ou de Maïzena)*
- *1 cuil. à café de levure alsacienne*
- *1 cuil. à soupe d'huile*
- *sel*
- *1 litre d'huile pour la friture*
- *le jus de 1 citron pour arroser*

CONSEIL !

Avant de les faire frire, vous pouvez faire mariner les fruits de mer pendant 6 h dans du jus de citron ou du jus de tamarin.

1. Rincez les calmars, les noix de Saint-Jacques, les crevettes et les filets de poisson. Séchez-les avec du papier absorbant. Coupez les filets en dés de 2 ou 3 cm.

2. Dans un saladier, mélangez la farine, le manioc, la levure et du sel. Ajoutez l'huile ainsi qu'un peu d'eau chaude de façon à obtenir une pâte pas trop claire. Plongez-y les fruits de mer.

3. Faites chauffer l'huile à 170 °C. Faites glisser poissons et fruits de mer, par petites quantités, dans l'huile bouillante. Faites-les dorer de 3 à 5 mn. Attention aux projections d'huile ! Ne laissez pas les fruits de mer frire trop longtemps, ils se colleraient les uns aux autres.

4. Lorsque les fruits de mer sont bien dorés, retirez-les avec une écumoire et égouttez-les sur du papier absorbant. Arrosez les beignets de jus de citron et servez.

SEICHE À LA MODE DE BORNÉO

Cumi cumi kalimantan

rapide

Une portion contient environ :
270 cal. Protides 39 g.
Lipides 12 g. Glucides 1 g.

Pour 4 personnes

Préparation et cuisson : 25 mn

- *1 seiche (800 g environ)*
- *1 cuil. à soupe de pulpe de tamarin*
- *1/4 ou 1/2 cuil. à café de sambal ulek*
- *2 cuil. à soupe de sauce de soja sucrée (kecap manis)*
- *3 cuil. à soupe d'huile*
- *sel*

1. Lavez et séchez la seiche, puis coupez-la en petites bouchées.

2. Travaillez la pulpe de tamarin avec 15 cl d'eau chaude, écrasez-la ensuite dans un tamis pour en recueillir le jus. Jetez le reste.

3. Faites chauffer l'huile dans un *wok* ou dans une grande poêle. Ajoutez les morceaux de seiche et le *sambal ulek*. Faites revenir le tout en remuant constamment jusqu'à ce que les morceaux de seiche aient pris une belle couleur brune.

4. Ajoutez le jus de tamarin et la sauce de soja sucrée. Salez. Laissez mijoter le tout à feu moyen, en remuant de temps à autre, jusqu'à ce que la sauce ait suffisamment épaissi. Ce plat peut se manger chaud ou froid.

OMELETTE AUX CREVETTES

Udang goreng telur

facile à préparer

Une portion contient environ :
380 cal. Protides 14 g.
Lipides 34 g. Glucides 5 g.

Pour 2 personnes

Préparation et cuisson : 25 mn

- *4 œufs*
- *5 noix kemiri*
- *1 oignon moyen*
- *2 gousses d'ail*
- *1/2 bouquet de coriandre fraîche (à défaut du persil plat)*
- *1 morceau de gingembre de la taille d'un pouce*
- *2 cuil. à soupe de crevettes séchées (en épicerie asiatique)*
- *2 cuil. à soupe d'huile*

1. Rincez les crevettes séchées et égouttez-les bien soigneusement. Pelez l'oignon, hachez-le. Pelez et écrasez l'ail. Pelez le gingembre et râpez-le finement. Râpez également les noix kemiri. Battez les œufs en omelette. Hachez finement la coriandre ou le persil.

2. Faites chauffer l'huile dans un *wok* ou une grande poêle. Ajoutez les crevettes, l'oignon, l'ail, le gingembre et les noix kemiri. Faites revenir le tout à feu moyen jusqu'à ce que les oignons aient pris une belle couleur dorée.

3. Versez les œufs dans la poêle et laissez prendre de 3 à 5 mn à feu moyen. Lorsque la surface est sèche, retournez l'omelette avec précaution et faites dorer l'autre côté. Retirez l'omelette du *wok* et coupez-la en deux. Servez-la après l'avoir parsemée de coriandre.

Au premier plan : omelette aux crevettes.
À l'arrière-plan : seiche à la mode de Bornéo.

BEIGNETS DE LÉGUMES
Pergedel sayur

bon marché

Une portion contient environ :
300 cal. Protides 12 g.
Lipides 18 g. Glucides 23 g.

Pour 4 personnes

Préparation et cuisson : 45 mn

- *200 g de blancs de poulet*
- *1 œuf*
- *200 g de germes de soja frais*
- *1 grosse carotte*
- *100 g de céleri-rave*
- *1 petit poireau*
- *200 g de feuilles de chou chinois*
- *1 oignon*
- *2 gousses d'ail*
- *1 morceau de gingembre de la taille d'un pouce*
- *4 à 8 cuil. à soupe de farine*
- *1/2 cuil. à café de sambal ulek*
- *2 cuil. à café de coriandre moulue*
- *sel*
- *1 litre d'huile pour la friture*

1. Pelez la carotte et le céleri-rave, râpez-les finement. Rincez les germes de soja. Coupez le poireau en quatre, nettoyez-le et taillez-le en fins bâtonnets. Coupez le chou en petits morceaux. Taillez les blancs de poulet en lanières de 2 cm. Hachez finement l'oignon, l'ail et le gingembre. Mélangez tous ces ingrédients dans un saladier.

2. Ajoutez le *sambal ulek*, la coriandre, l'œuf, la farine et du sel. Travaillez le tout afin d'obtenir une pâte malléable. Prélevez-en 1/2 cuillerée à soupe et confectionnez un beignet de la grosseur d'une noix. Au fur et à mesure de leur confection, faites sécher les beignets sur du papier absorbant.

3. Chauffez l'huile à 170 °C. Par petites portions, trempez-y les beignets de 3 à 5 mn. Lorsqu'ils sont cuits et dorés, retirez-les avec une écumoire et égouttez-les sur du papier absorbant.

POÊLÉE DE LÉGUMES
Cap cay goreng

facile à préparer

Une portion contient environ :
230 cal. Protides 19 g.
Lipides 12 g. Glucides 12 g.

Pour 4 personnes

Préparation et cuisson : 40 mn

- *200 g de blancs de poulet*
- *2 cuil. à soupe de crevettes décortiquées*
- *1 petit oignon*
- *2 gousses d'ail*
- *100 g de haricots verts*
- *250 g de feuilles de chou chinois*
- *1 carotte*
- *100 g de germes de soja frais*
- *1 petite boîte de pousses de bambou*
- *1 morceau de gingembre de la taille d'un pouce*
- *1/4 ou 1/2 cuil. à café de sambal ulek*
- *2 cuil. à café de Maïzena*
- *3 cuil. à soupe de sauce de soja*
- *2 cuil. à soupe d'huile*

1. Taillez les blancs de poulet en lanières très fines. Rincez les crevettes. Équeutez les haricots verts et coupez-les en tronçons de 5 cm. Pelez l'oignon, l'ail, le gingembre et hachez-les finement. Lavez les feuilles du chou, coupez la partie blanche en carrés. Pelez, râpez la carotte. Rincez les germes de soja. Égouttez les pousses de bambou.

2. Faites chauffer l'huile dans un *wok*. Ajoutez-y la viande, l'ail, l'oignon, le gingembre, les haricots verts, le *sambal ulek* et faites revenir le tout 5 mn. Ajoutez 20 cl d'eau et les crevettes, laissez mijoter, à feu moyen, jusqu'à ce que la moitié de l'eau soit absorbée. Ajoutez alors le chou chinois, la carotte, les pousses de bambou et les germes de soja. Mélangez bien et faites cuire encore 5 mn à couvert et à feu doux.

3. Délayez la Maïzena dans 5 cl d'eau froide et incorporez-la aux légumes avec la sauce de soja. Laissez épaissir tout en remuant.

Au premier plan : beignets de légumes.
À l'arrière-plan : poêlée de légumes.

SOUPE D'ÉPINARDS AUX CREVETTES
Sayur bayam

facile à préparer

Une portion contient environ :
630 cal. Protides 20 g.
Lipides 33 g. Glucides 64 g.

Pour 4 personnes
Préparation : 15 mn - Cuisson : 20 mn

- *100 g de crevettes décortiquées*
- *500 g d'épinards frais*
- *1 patate douce moyenne (à défaut 1 pomme de terre)*
- *1 oignon*
- *2 gousses d'ail*
- *1 boîte de maïs en grains (300 g)*
- *40 cl de lait de coco*
- *1 morceau de gingembre de la taille d'un doigt*
- *1/4 ou 1/2 cuil. à café de sambal ulek*
- *1 cuil. à café de coriandre moulue*
- *2 cuil. à soupe d'huile*
- *sel*

1. Lavez les épinards, égouttez-les soigneusement et hachez-les grossièrement. Pelez la patate, coupez-la en petits dés. Pelez et hachez finement l'oignon, l'ail et le gingembre. Rincez les crevettes.

2. Faites chauffer l'huile, faites-y fondre à feu doux l'oignon, l'ail, le gingembre et les dés de patate. Ajoutez les épinards et faites-les fondre également, jusqu'à ce que les feuilles aient réduit de volume. Incorporez ensuite les crevettes, le maïs avec le jus de conserve, 20 cl d'eau et le lait de coco. Assaisonnez la soupe avec le *sambal ulek*, la coriandre et du sel. Portez brièvement à ébullition, puis laissez mijoter encore 10 mn à feu doux et à couvert.

SOUPE DE LÉGUMES
Sayur lodeh

raffiné

Une portion contient environ :
845 cal. Protides 31 g.
Lipides 58 g. Glucides 50 g.

Pour 4 personnes
Préparation : 40 mn - Cuisson : 20 mn

- *250 g de chou-fleur ou de brocoli*
- *1 botte d'oignons nouveaux*
- *1 grosse pomme de terre farineuse*
- *1 petite courgette*
- *1 petit poireau*
- *100 g de feuilles de chou blanc*
- *100 g d'épinards*
- *3 gousses d'ail*
- *80 cl de lait de coco*
- *3 cuil. à soupe de maïs en grains (en boîte)*
- *1/2 cuil. à café de pâte de crevettes séchées (trasi)*
- *1/4 ou 1/2 cuil. à café de sambal ulek*
- *2 cuil. à café de sucre de palme*
- *2 cuil. à soupe de sauce de soja*
- *sauce de soja sucrée (kecap manis)*
- *2 cuil. à soupe d'huile*
- *poivre noir du moulin*
- *sel*

1. Lavez le chou-fleur et séparez les bouquets. Nettoyez les oignons nouveaux, coupez-les en tronçons de 4 cm. Pelez la pomme de terre et coupez-la en petits dés. Lavez la courgette, ôtez-en les extrémités et débitez-la en rondelles. Fendez le poireau en deux, nettoyez-le et coupez-le en anneaux fins. Coupez les feuilles de chou blanc en petits morceaux. Lavez, égouttez les épinards. Pelez et écrasez l'ail. Écrasez la pâte de crevettes.

2. Faites chauffer l'huile dans une grande marmite. Faites-y fondre 3 mn à feu doux, en remuant sans cesse, les oignons, l'ail, la pâte de crevettes, le *sambal ulek*. Arrosez avec le lait de coco et 20 cl d'eau. Ajoutez tous les légumes apprêtés, le sucre de palme et la sauce de soja. Portez à ébullition, puis laissez cuire environ 10 mn à couvert et à feu moyen.

3. Terminez en incorporant le maïs, réchauffez-le. Assaisonnez la soupe avec du sel, du poivre et la sauce de soja sucrée.

Au premier plan : soupe d'épinards aux crevettes.
À l'arrière-plan : soupe de légumes.

BROCOLI À LA NOIX DE COCO

Brokoli bumbu kelapa

raffiné

Une portion contient environ :
305 cal. Protides 8 g.
Lipides 17 g. Glucides 30 g.

Pour 2 ou 3 personnes

Préparation et cuisson : 20 mn

- *100 g de noix de coco fraîchement râpée (ou prête à l'emploi)*
- *500 g de brocoli*
- *le jus de 1 citron*
- *1 petit oignon*
- *1 gousse d'ail*
- *1/4 de cuil. à café de sambal ulek*
- *1 cuil. à café de poudre laos*
- *2 cuil. à soupe d'huile*
- *sel*

1. Séparez les bouquets du brocoli. Mettez-les dans une casserole avec un doigt d'eau. Salez. Faites cuire 10 mn, à couvert et à feu moyen.

2. Pelez et hachez l'oignon. Pelez et écrasez la gousse d'ail. Faites chauffer l'huile dans une poêle. Ajoutez la noix de coco râpée, l'oignon, l'ail, le *sambal ulek* et faites revenir le tout à feu moyen, jusqu'à ce que la noix de coco commence à prendre couleur. Arrosez avec cinq cuillerées d'eau et le jus de citron. Salez et ajoutez la poudre laos.

3. Égouttez soigneusement le brocoli, puis répartissez-le dans les assiettes et nappez-le de sauce.

PATATES DOUCES AU TOFOU

Sambal goreng tahu

végétarien

Une portion contient environ :
620 cal. Protides 17 g.
Lipides 46 g. Glucides 35 g.

Pour 4 personnes

Préparation et cuisson : 45 mn

- *450 g de tofou*
- *100 g de cacahuètes pelées*
- *500 g de patates douces (ou des pommes de terre)*
- *1 petite tomate*
- *1/2 botte d'oignons nouveaux*
- *le jus de 1/2 citron*
- *3 gousses d'ail*
- *2 cuil. à café de sucre de palme*
- *1 cuil. à café de coriandre moulue*
- *1/2 cuil. à café de sambal ulek*
- *1/2 cuil. à café de poudre laos*
- *2 cuil. à soupe de sauce de soja*
- *2 cuil. à soupe de sauce de soja sucrée (kecap manis)*
- *2 cuil. à soupe d'huile*
- *1 litre d'huile pour la friture*

1. Séchez le tofou et détaillez-le en dés de 1 cm. Pelez les patates, coupez-les également en dés de 1 cm. Pelez la tomate et coupez-la en dés. Nettoyez les oignons et coupez-les en anneaux fins. Pelez et écrasez les gousses d'ail.

2. Faites chauffer l'huile de friture à 170 °C et faites-y frire les dés de tofou de 3 à 5 mn, jusqu'à ce qu'ils soient croustillants. Ôtez-les avec une écumoire et égouttez-les sur du papier absorbant. Procédez de même pour frire les dés de patates.

3. Faites chauffer deux cuillerées d'huile dans un *wok* ou une sauteuse. Ajoutez les oignons, l'ail, le *sambal ulek*, les cacahuètes et faites-les revenir rapidement, à feu moyen, en remuant constamment.

4. Ajoutez la tomate, la sauce de soja, le jus de citron et trois cuillerées d'eau. Laissez 2 mn à feu doux. Incorporez ensuite les dés de tofou et de patates. Assaisonnez avec le sucre de palme, la coriandre, la poudre laos et la sauce de soja sucrée.

Au premier plan : patates douces au tofou.
À l'arrière-plan : brocoli à la noix de coco.

BOULETTES DE TOFOU CROUSTILLANTES

Tahu bola

demande un peu de temps

Une boulette contient environ :
70 cal. Protides 2 g.
Lipides 6 g. Glucides 2 g.

Pour 4 personnes (20 boulettes)
Préparation et cuisson : 30 mn
Temps de repos : 2 h

- *450 g de tofou*
- *2 œufs*
- *1 oignon moyen*
- *2 gousses d'ail*
- *2 cuil. à soupe de noix de coco râpée*
- *1 morceau de gingembre de la taille d'un pouce*
- *1/4 de cuil. à café de sambal ulek*
- *sel*
- *1 litre d'huile pour la friture*

1. Séchez le tofou, puis écrasez-le à l'aide d'une fourchette. Pelez l'oignon et hachez-le ; pelez les gousses d'ail, puis passez-les au presse-ail. Pelez et hachez finement le gingembre. Mélangez le tout avec le *sambal ulek*, la noix de coco râpée et du sel. Laissez reposer environ 2 h.

2. Faites chauffer l'huile à 170 °C. Incorporez les œufs à la préparation au tofou. Prélevez à chaque fois la valeur de 1/2 cuillerée à soupe et façonnez des boulettes. Séchez celles-ci sur du papier absorbant, puis faites-les glisser, par petites quantités, dans l'huile chaude. Faites-les frire jusqu'à ce qu'elles soient croustillantes.

FRITURE VÉGÉTARIENNE

Tahu, tempe, kentang goreng

facile à préparer

Une portion contient environ :
500 cal. Protides 19 g.
Lipides 34 g. Glucides 30 g.

Pour 4 personnes
Préparation et cuisson : 40 mn
Marinade : 6 h

- *450 g de tofou*
- *450 g de tempe*
- *500 g de pommes de terre*

Pour la marinade :

- *1 petit oignon*
- *6 à 8 gousses d'ail*
- *1 cuil. à café de poudre laos*
- *1 cuil. à café de coriandre moulue*
- *1/2 cuil. à café de sambal ulek*
- *2 cuil. à café de sucre de palme*
- *4 cuil. à soupe de sauce de soja*
- *1 litre d'huile pour la friture*

1. Séchez le tofou et le tempe, coupez-les d'abord en deux dans le sens de la longueur, puis en tranches fines. Pelez les pommes de terre, coupez-les également en rondelles fines.

2. Pour la marinade : pelez l'oignon et hachez-le ; pelez, écrasez les gousses d'ail. Mélangez-les avec la poudre laos, la coriandre, le *sambal ulek*, le sucre de palme, la sauce de soja et 20 cl d'eau chaude.

3. Mettez le tofou, le tempe et les pommes de terre à tremper dans la marinade pendant au moins 6 h.

4. Égouttez le tofou, le tempe et les pommes de terre. Faites chauffer l'huile à 170 °C dans une friteuse. Faites glisser les tranches, par petites portions, dans l'huile chaude et faites-les frire environ 5 mn, jusqu'à ce qu'elles soient croustillantes. Retirez-les à l'aide d'une écumoire et égouttez-les sur du papier absorbant.

Au premier plan : friture végétarienne. À l'arrière-plan : boulettes de tofou croustillantes.

TEMPE À LA SAUCE NOIRE

Tempe goreng kecap

facile à préparer

Une portion contient environ :
450 cal. Protides 12 g.
Lipides 40 g. Glucides 11 g.

Pour 2 ou 3 personnes

Préparation et cuisson : 30 mn

- *450 g de tempe*
- *1 oignon*
- *3 gousses d'ail*
- *1/2 cuil. à café de sambal ulek*
- *2 cuil. à café de sucre de palme*
- *2 cuil. à soupe de sauce de soja*
- *5 cuil. à soupe de sauce de soja sucrée (kecap manis)*
- *10 cuil. à soupe d'huile*

1. Pelez et hachez finement l'oignon et l'ail. Séchez le tempe et coupez-le en deux dans le sens de la longueur, puis en tranches.

2. Faites chauffer l'huile et faites-y revenir les tranches de tempe des deux côtés, à feu moyen. Retirez-les et égouttez-les sur du papier absorbant.

3. Jetez une partie de l'huile, n'en gardez que la valeur de deux cuillerées à soupe. Ajoutez l'oignon, l'ail, le *sambal ulek* et faites-les revenir à feu moyen, jusqu'à ce que l'oignon soit légèrement doré.

4. Ajoutez ensuite les tranches de tempe. Assaisonnez avec le sucre de palme et les deux sauces de soja. Mélangez avec précaution et laissez mijoter, à feu doux, jusqu'à ce que la sauce soit épaisse.

SOUPE DE NOUILLES AU TOFOU

Kari mie tahu

raffiné

Une portion contient environ :
820 cal. Protides 25 g.
Lipides 45 g. Glucides 54 g.

Pour 4 personnes

Préparation et cuisson : 40 mn

- *450 g de tofou*
- *200 g de germes de soja frais*
- *1 petit poireau*
- *1 oignon*
- *3 gousses d'ail*
- *250 g de nouilles asiatiques aux œufs*
- *20 cl de lait de coco*
- *80 cl de bouillon de volaille corsé*
- *1 morceau de gingembre de la taille d'un pouce*
- *3 tiges de citronnelle*
- *8 noix kemiri*
- *1/2 cuil. à café de pâte de crevettes séchées (trasi)*
- *1/2 ou 1 cuil. à café de sambal ulek*
- *3 cuil. à café de coriandre moulue*
- *3 cuil. à soupe de sauce de soja*
- *3 cuil. à soupe de sauce de soja sucrée (kecap manis)*
- *8 cuil. à soupe d'huile*

1. Nettoyez le poireau et coupez-le en anneaux fins. Rincez les germes de soja. Hachez finement l'ail et l'oignon. Coupez la partie blanche de la citronnelle en rondelles fines. Pelez et râpez finement le gingembre. Râpez les noix kemiri. Écrasez la pâte de crevettes.

2. Faites chauffer deux cuillerées à soupe d'huile. Ajoutez l'oignon, l'ail, le gingembre, la citronnelle, les noix kemiri, la pâte de crevettes et le *sambal ulek*. Faites-les revenir à feu moyen, jusqu'à ce que l'oignon soit légèrement doré. Arrosez avec le bouillon de volaille, le lait de coco, et portez à ébullition. Ajoutez le poireau, la coriandre, les nouilles et la sauce de soja, et laissez cuire le tout à couvert et à feu moyen, jusqu'à ce que les nouilles soient tendres.

3. Égouttez le tofou, coupez-le en tranches. Faites chauffer le reste de l'huile et faites-y revenir les tranches de tofou de chaque côté, jusqu'à ce qu'elles soient croustillantes. Retirez alors la casserole du feu. Ajoutez le tofou coupé en tranches, les germes de soja et la sauce de soja sucrée. Couvrez et laissez reposer la soupe 10 mn.

Au premier plan : soupe de nouilles au tofou.
À l'arrière-plan : tempe à la sauce noire.

PALM

CHIPS AUX CREVETTES
Krupuk

rapide

Une portion contient environ :
215 cal. Protides 1 g.
Lipides 18 g. Glucides 10 g.

Pour 4 personnes

Préparation et cuisson : 15 mn

- *20 petits krupuk (ou 4 grands)*
- *1 litre d'huile pour la friture*

1. Faites chauffer l'huile à 180 °C. Celle-ci doit être suffisamment chaude de façon à ce que les chips puissent remonter rapidement à la surface, mais pas trop, car elles ne doivent pas brunir. Le mieux est de faire un test de cuisson avec un petit morceau.

2. Faites frire les chips, mais n'en mettez pas trop à la fois, car elles doublent de volume dans la friture. Dès que les chips remontent à la surface, retirez-les avec une écumoire pour éviter qu'elles ne brunissent. Égouttez-les ensuite sur du papier absorbant.

♦ Ces chips très légères sont faites à partir de crevettes moulues et de fécule de tapioca. On les achète prêtes à frire ou déjà frites dans les épiceries asiatiques sous le nom de *krupuk*, *kroepoek* ou de *prawn crakers*.

PETITS ROULEAUX DE RIZ
Lemper ketan

à préparer à l'avance

Un rouleau contient environ :
165 cal. Protides 7 g.
Lipides 12 g. Glucides 7 g.

Pour 4 personnes (20 rouleaux)

Préparation et cuisson : 1 h

- *500 g de viande de veau*
- *1/2 botte d'oignons nouveaux*
- *1 feuille de bananier surgelée (à défaut, de l'aluminium ménager)*
- *200 g de riz collant (ketan)*
- *40 cl de lait de coco*
- *1/2 cuil. à café de sambal ulek*
- *2 cuil. à soupe de sauce de soja*
- *3 cuil. à soupe de sauce de soja sucrée (kecap manis)*
- *2 cuil. à soupe d'huile*
- *sel*
- *10 pique-olives en bois pour les tenir*

1. Faites décongeler la feuille de bananier, puis, avec une paire de ciseaux, découpez vingt rectangles de 10 x 15 cm.

2. Passez le riz sous l'eau courante, égouttez-le. Mettez-le avec 30 cl de lait de coco, 40 cl d'eau et du sel dans une casserole dont le couvercle ferme hermétiquement. Portez à ébullition, réduisez le feu, et laissez cuire 15 mn à couvert et à feu doux.

3. Nettoyez les oignons, coupez-les en anneaux fins. Taillez la viande en fines lanières de 2 cm de long.

4. Faites chauffer l'huile dans une sauteuse. Mettez-y la viande, les oignons, le *sambal ulek* et faites revenir le tout 3 mn. Ajoutez le reste du lait de coco et les deux sauces de soja. Laissez épaissir la sauce à feu moyen, puis retirez du feu.

5. Répartissez le riz ainsi que la préparation à la viande sur les feuilles de bananier. Roulez les feuilles et fermez les extrémités avec des moitiés de pique-olives. Vous pouvez proposer ces rouleaux froids ou bien les réchauffer au bain-marie 15 mn avant de servir.

♦ Accompagnez ces petits rouleaux de plusieurs sauces piquantes (*sambal*) que vous achèterez dans une épicerie asiatique.

En haut : petits rouleaux de riz.
En bas : chips aux crevettes.

BOULETTES AUX CREVETTES

Rempah udang

facile à préparer

Une boulette contient environ : 70 cal. Protides 3 g. Lipides 5 g. Glucides 3 g.

Pour 4 personnes (24 boulettes)

Préparation et cuisson : 40 mn

- *250 g de crevettes décortiquées*
- *200 g de germes de soja frais*
- *1 botte d'oignons nouveaux*
- *1 œuf*
- *1 morceau de gingembre de la taille d'un pouce*
- *100 g de farine*
- *1 cuil. à café de levure*
- *1/2 cuil. à café de sambal ulek*
- *sel*
- *1 litre d'huile pour la friture*

1. Rincez les crevettes et les germes de soja. Nettoyez les oignons et coupez-les en morceaux. Pelez le gingembre, puis coupez-le en dés. Passez tous ces ingrédients au mixeur. Versez la préparation dans un saladier.

2. Ajoutez l'œuf, la farine, la levure, le *sambal ulek*, du sel et pétrissez le tout pour obtenir une pâte à la fois ferme et malléable. Si la pâte est trop ferme, ajoutez de l'eau chaude par cuillerée.

3. Faites chauffer l'huile à 170 °C. Prélevez 1/2 cuillerée à soupe de pâte et façonnez-la en boulette de la grosseur d'une noix. Procédez de la même façon pour l'ensemble de la pâte. Faites glisser les boulettes, par petites quantités, dans l'huile chaude et faites-les frire jusqu'à ce qu'elles soient bien croustillantes. Retirez-les avec une écumoire et égouttez-les soigneusement sur du papier absorbant.

4. Ces boulettes peuvent se manger chaudes ou froides. On les sert soit en en-cas, soit pour un *rijstafel*.

CROQUETTES DE MAÏS

Pergedel jagung

bon marché

Une croquette contient environ : 175 cal. Protides 4 g. Lipides 10 g. Glucides 17 g.

Pour 4 personnes (16 croquettes)

Préparation et cuisson : 30 mn

- *100 g de cacahuètes*
- *1 oignon moyen*
- *1 œuf*
- *1 boîte de maïs en grains (285 g égoutté)*
- *100 g de farine*
- *1 cuil. à café de coriandre moulue*
- *1/2 cuil. à café de sambal ulek*
- *sel*
- *1 litre d'huile pour la friture*

1. Égouttez le maïs. Pelez l'oignon et hachez-le finement. Pilez les cacahuètes dans un mortier. Mettez tous ces ingrédients dans un saladier.

2. Ajoutez le *sambal ulek*, l'œuf, la farine, la coriandre, du sel et pétrissez le tout pour obtenir une pâte malléable. Si la pâte est trop ferme, ajoutez de l'eau chaude par cuillerée à soupe.

3. Faites chauffer l'huile à 170 °C. Prélevez une cuillerée à soupe de pâte, façonnez-la en une croquette de la taille d'un pouce. Faites les autres croquettes de la même façon et glissez-les par petites quantités dans l'huile chaude. Laissez-les frire jusqu'à ce qu'elles soient croustillantes. Retirez-les à l'aide d'une écumoire et égouttez-les sur du papier absorbant.

♦ Ces croquettes peuvent se manger aussi bien chaudes que froides. Vous pouvez les servir soit en en-cas, soit pour un *rijstafel*.

Au premier plan : croquettes de maïs. À l'arrière-plan : boulettes aux crevettes.

CHAUSSONS FOURRÉS

Martabak

raffiné

Une portion contient environ :
660 cal. Protides 21 g.
Lipides 34 g. Glucides 69 g.

Pour 4 personnes
Préparation et cuisson : 45 mn
Temps de repos : 2 h

Pour la pâte :
- *1 œuf*
- *300 g de farine*
- *4 cuil. à soupe d'huile*
- *sel*
- *huile pour frotter la pâte*

Pour la farce :
- *150 g de bœuf haché*
- *1 œuf*
- *150 g de feuilles de chou blanc*
- *1 oignon moyen*
- *2 gousses d'ail*
- *1/2 cuil. à café de sambal ulek*
- *2 cuil. à soupe d'huile*
- *sel*
- *1 litre d'huile pour la friture*

1. Tamisez la farine au-dessus d'un saladier. Ajoutez l'œuf, du sel et l'huile. Versez 15 cl d'eau chaude et travaillez le tout pour obtenir une pâte molle. Pétrissez vigoureusement la pâte avec vos mains durant quelques minutes pour la rendre souple. Si elle colle, frottez-la avec un peu d'huile.

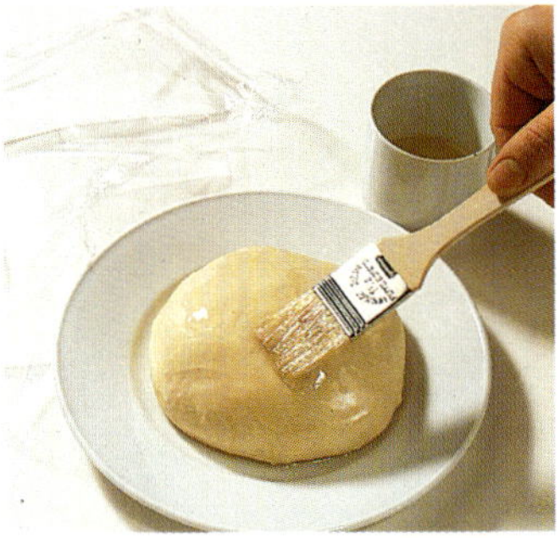

2. Rassemblez la pâte en boule. Avec un pinceau, badigeonnez-la d'huile, puis enveloppez-la dans un film plastique alimentaire et laissez-la reposer au moins 2 h à température ambiante.

3. Préparez la farce : pelez l'oignon et hachez-le. Pelez et écrasez l'ail. Coupez le chou en fines lanières.

4. Faites chauffer deux cuillerées d'huile dans une poêle. Ajoutez l'oignon, l'ail et le *sambal ulek*. Laissez fondre, à feu doux, jusqu'à ce que l'oignon devienne translucide. Incorporez la viande hachée et le chou blanc. Mélangez bien, salez et laissez cuire encore 5 mn à feu moyen.

5. Retirez la poêle du feu. Mettez la farce dans un saladier, laissez-la refroidir un peu, puis incorporez l'œuf.

6. Divisez la pâte en quatre parts égales et façonnez-les en boules. Étalez au rouleau chaque boule de pâte et étirez-la de façon à obtenir un rectangle équivalent à une feuille de format 21 x 29,7. Opérez avec précaution pour éviter que la pâte ne se déchire. Faites chauffer l'huile de friture à 170 °C.

7. Déposez un quart de la farce au centre de chaque rectangle de pâte, rabattez celle-ci sur la farce comme une enveloppe. Plongez les chaussons l'un après l'autre, dans l'huile chaude, avec précaution, et faites-les frire jusqu'à ce qu'ils soient dorés et croustillants.

8. Servez les *martabak* chauds, accompagnés d'une coupelle de sauce de soja sucrée.

CONSEIL !

Ces chaussons peuvent se congeler. Confectionnez à l'avance une petite provision de chaussons, il vous suffira alors de les décongeler avant de les mettre à frire.
Pour changer, vous pouvez les fourrer avec une garniture sucrée : par exemple, essayez les cacahuètes grillées et hachées avec de la noix de coco fraîchement râpée, le tout sucré avec du sucre de palme ou du miel, et parfumé avec de la cannelle et de la cardamone.

♦ La recette du *martabak* (il faut prononcer « mahtabah ») a été importée en Indonésie par des marchands arabo-indiens. C'est principalement à l'ouest de Sumatra, sur les marchés nocturnes, que vous pourrez admirer la dextérité des marchands de *martabak*, lorsqu'ils font tournoyer la pâte dans les airs.

CRÊPES FOURRÉES À LA NOIX DE COCO
Dadar gulung

raffiné

Une crêpe contient environ :
370 cal. Protides 6 g.
Lipides 21 g. Glucides 39 g.

Pour 12 crêpes
Préparation et cuisson : 1 h

- *200 g de noix de coco fraîchement râpée*
- *4 œufs*
- *40 cl de lait de coco*
- *300 g de farine*
- *100 g de sucre de palme*
- *10 gouttes de colorant alimentaire vert*
- *sel*
- *huile pour la cuisson*

1. Dans une casserole, faites fondre le sucre de palme avec 10 cl d'eau en remuant constamment. Ajoutez la noix de coco râpée et laissez bouillotter à feu doux sans cesser de remuer jusqu'à ce que le liquide soit absorbé. Laissez ensuite refroidir.

2. Mélangez le colorant au lait de coco. Battez les œufs, incorporez-les, puis ajoutez progressivement la farine et une pincée de sel.

3. Faites chauffer un peu d'huile dans une poêle. Versez-y une louche de pâte et remuez la poêle afin de bien répartir la pâte. Faites-la cuire 3 mn à feu moyen, retournez la crêpe et faites cuire l'autre côté 1 mn. Retirez-la et réservez-la au chaud. Confectionnez ainsi douze crêpes.

4. Étalez une cuillerée à soupe de la préparation à la noix de coco sur le bord inférieur d'une crêpe, rabattez les côtés vers le centre et roulez la crêpe à partir du bas.

CRÊPES AUX CACAHUÈTES ET AU SÉSAME
Kue apim

facile à préparer

Une crêpe contient environ :
370 cal. Protides 12 g.
Lipides 17 g. Glucides 42 g.

Pour 4 personnes (8 crêpes)
Préparation et cuisson : 40 mn

- *100 g de cacahuètes nature*
- *2 œufs*
- *25 cl de lait*
- *3 cuil. à soupe de graines de sésame (en magasin diététique)*
- *350 g de farine de blé*
- *4 cuil. à café de levure alsacienne*
- *5 cuil. à soupe de sucre en poudre*
- *1/2 cuil. à café de cannelle en poudre*
- *2 cuil. à soupe d'huile*
- *sel*
- *huile pour la cuisson*

1. Pilez les cacahuètes grossièrement dans un mortier. Dans une poêle sans matière grasse, faites griller pendant environ 2 mn, à feu moyen, les cacahuètes et les graines de sésame. Ôtez la poêle du feu et incorporez au mélange quatre cuillerées à soupe de sucre.

2. Mélangez le reste du sucre avec la farine et la levure. Ajoutez la cannelle, une pincée de sel, l'huile et les œufs et mélangez bien le tout. Versez progressivement le lait et 50 cl d'eau. Vous devez obtenir une pâte fluide.

3. Faites chauffer un peu d'huile dans une grande poêle. Versez-y une louche de pâte et remuez la poêle pour bien répartir la pâte. Faites cuire 1 mn à feu moyen. Répartissez dessus deux cuillerées à soupe du mélange cacahuètes-sésame. Couvrez et laissez cuire encore de 1 à 2 mn. Pliez la crêpe en deux. Tenez-la au chaud sur un plat jusqu'à ce que toutes les crêpes soient prêtes.

*Au premier plan : crêpes aux cacahuètes et au sésame.
À l'arrière-plan : crêpes fourrées à la noix de coco.*

RIZ NOIR
Nasi hitam

facile à préparer

Une portion contient environ :
815 cal. Protides 11 g.
Lipides 50 g. Glucides 80 g.

Pour 4 personnes
Préparation : 5 mn
Cuisson : 40 mn
Temps de trempage : 2 h

- *250 g de riz noir (« black rice » en épicerie asiatique)*
- *80 cl de lait de coco*
- *100 g de sucre de palme*

1. Rincez le riz, versez-le dans un saladier et couvrez-le d'eau à hauteur plus 1 cm. Laissez-le tremper pendant 2 h.

2. Égouttez soigneusement le riz. Mettez-le avec le lait de coco, le sucre de palme et 20 cl d'eau dans une casserole à couvercle hermétique. Portez à ébullition à feu vif, puis réduisez le feu et laissez gonfler 30 mn à couvert et à feu doux. Servez chaud ou froid.

CONSEIL !

Agrémentez la présentation avec quelques lamelles de mangue ou des ramboutans.

GÂTEAU AU MANIOC
Bingkang ubi kaju

pour recevoir

Une part contient environ :
570 cal. Protides 3 g.
Lipides 14 g. Glucides 108 g.

Pour 8 personnes
Préparation : 30 mn
Cuisson : 45 mn
Temps de refroidissement : 1 h 15

- *1,5 kg de manioc*
- *2 œufs*
- *40 cl de lait de coco*
- *300 g de sucre*
- *sel*
- *beurre pour le moule*

1. Pelez le manioc, puis râpez-le finement. Pressez la masse ainsi obtenue par petites portions.

2. Préchauffez le four à 200 °C (th. 6). Beurrez un moule ou bien un plat à gratin rectangulaire de 25 x 30 cm.

3. À l'aide d'un fouet, battez les œufs avec une petite pincée de sel jusqu'à obtention d'un mélange mousseux. Versez doucement le sucre sans cesser de fouetter. Incorporez peu à peu le lait de coco et le manioc râpé. Mélangez bien.

4. Versez la préparation dans une poêle sans matière grasse, laissez-la cuire pendant 5 mn en remuant constamment, jusqu'à ce qu'elle devienne épaisse et translucide.

5. Mettez la pâte dans le moule et lissez-la. Enfournez à mi-hauteur et laissez cuire 45 mn.

6. Dès que la surface du gâteau est dorée, sortez-le du four. Laissez refroidir.

♦ Vous pourrez trouver le manioc dans les épiceries asiatiques. Il peut être vendu sous l'appellation de « racine de tapioca » ou de « cassave ».

Au premier plan : gâteau au manioc. À l'arrière-plan : riz noir.

FLAN AU LAIT DE COCO

Buah buah santen

pour recevoir

Une portion contient environ :
760 cal. Protides 7 g.
Lipides 50 g. Glucides 70 g.

Pour 4 personnes
Trempage : 12 h ou 1 nuit
Préparation et cuisson : 15 mn
Réfrigération : 4 h

- *20 g d'agar-agar (soit 1 baguette de 20 cm)*
- *80 cl de lait de coco*
- *250 g de sucre*
- *5 gouttes de colorant rouge*

1. La veille, coupez l'*agar-agar* en tronçons de 2 cm. Mettez-les à tremper 12 h dans 50 cl d'eau.

2. Portez le lait de coco à ébullition avec le sucre et le colorant. Égouttez l'*agar-agar*, puis faites-le dissoudre dans le lait. Portez le tout à ébullition et laissez bouillotter 5 mn à feu doux en remuant constamment. Laissez refroidir.

3. Rincez un saladier ou un moule à l'eau froide. Versez-y la préparation et laissez prendre au moins 4 h au réfrigérateur.

4. Trempez le moule 10 secondes dans de l'eau chaude et démoulez. Coupez le flan en dés de 4 cm de côté et disposez ceux-ci sur le plat de service.

CONSEIL !

Ce flan sera meilleur si vous le saupoudrez de noix de coco râpée grillée.

MANGUES ET FLAN PARFUMÉ

Mangga buah buah

facile à préparer

Une portion contient environ :
295 cal. Protides 3 g.
Lipides 3 g. Glucides 64 g.

Pour 4 personnes
Trempage : 12 h ou 1 nuit
Préparation et cuisson : 20 mn
Réfrigération : 4 h

- *2 mangues*
- *15 g d'agar-agar (soit 1 baguette de 15 cm)*
- *30 cl de lait*
- *150 g de sucre*
- *2 cuil. à café d'extrait d'amande ou de vanille*
- *quelques feuilles de menthe pour décorer*

1. La veille, coupez l'*agar-agar* en tronçons de 2 cm. Mettez-les à tremper 12 h dans 50 cl d'eau.

2. Portez le lait à ébullition avec le sucre et 30 cl d'eau. Égouttez l'*agar-agar* et faites-le dissoudre dans le lait. Portez à nouveau à ébullition, puis laissez bouillotter 5 mn à feu doux en remuant sans cesse. Laissez refroidir.

3. Parfumez la crème avec l'extrait de vanille ou d'amande. Rincez à l'eau froide un moule cannelé et versez-y la préparation. Laissez prendre au moins 4 h au réfrigérateur.

4. Avant de servir, pelez les mangues, puis détachez leur chair en contournant le noyau et coupez celle-ci en lamelles fines.

5. Trempez le moule 10 secondes dans de l'eau chaude et démoulez sur un plat. Disposez les lamelles de mangue tout autour du flan. Achevez la décoration avec les feuilles de menthe.

En haut : mangues et flan parfumé.
En bas : flan au lait de coco.

CRÈME À LA VAPEUR
Serikaja

raffiné

Une portion contient environ :
430 cal. Protides 6 g.
Lipides 31 g. Glucides 32 g.

Pour 4 personnes
Préparation : 10 mn
Cuisson : 30 mn

- *3 œufs*
- *40 cl de lait de coco*
- *2 cuil. à soupe de noix de coco râpée*
- *100 g de sucre de palme*
- *1/2 cuil. à café de poudre de vanille*
- *sel*
- *beurre pour les ramequins*

1. Beurrez quatre ramequins. Mettez les œufs et le sucre de palme dans un saladier, et fouettez afin d'obtenir un mélange mousseux. Incorporez le lait de coco, la poudre de vanille et une pincée de sel. Répartissez cette préparation dans les ramequins.

2. Disposez les quatre ramequins dans un panier perforé au-dessus d'une casserole remplie d'eau et portez celle-ci à ébullition. Couvrez et faites cuire les crèmes à la vapeur, à feu doux, durant 30 mn.

3. Retirez les ramequins du panier perforé, puis laissez refroidir les crèmes hors de la casserole. Au moment de servir, saupoudrez-les de noix de coco râpée.

CONSEIL !

Si vous voulez faire une présentation originale, faites cuire les crèmes dans des coques de noix de coco.

BOULES SUCRÉES
Onde onde

raffiné

Une boule contient environ :
43 cal. Protides 0,5 g.
Lipides 1 g. Glucides 8 g.

Pour 45 boules
Préparation et cuisson : 1 h 15

- *3 gouttes d'extrait de daun-pandan (en épicerie asiatique) ou de colorant vert*
- *100 g de noix de coco râpée*
- *250 g de farine de riz collant*
- *70 g de sucre de palme solide*
- *sel*

1. Délayez dans 25 cl d'eau froide l'extrait de *daun-pandan*. Ajoutez la farine de riz collant, une pincée de sel et mélangez bien. Continuez de pétrir avec les mains pour obtenir une pâte souple et malléable qui ne colle plus aux doigts.

2. Faites bouillir une grande casserole d'eau salée. Cassez le sucre de palme en petits dés de 5 mm.

3. Divisez la pâte en trois portions. Façonnez l'une de ces portions en quinze petites boules et réservez les deux autres parts. Creusez une cavité au centre de chaque boule avec votre doigt. Déposez-y un dé de sucre et refermez en pressant la pâte.

4. Plongez les boules dans l'eau bouillante, puis réduisez le feu et laissez-les cuire 15 mn à feu doux, en ayant soin de les tourner de temps en temps.

5. Dès qu'elles sont cuites, les boules remontent à la surface. Retirez-les précautionneusement avec une écumoire ; égouttez-les, roulez-les dans la noix de coco râpée et réservez-les sur un plat.

6. Répétez cette opération pour la deuxième, puis la troisième portion de pâte.

CONSEIL !

Ne travaillez jamais toute la pâte d'un coup, sinon elle devient cassante et le sucre se met à fondre.

Au premier plan : crème à la vapeur.
À l'arrière-plan : boules sucrées.

table des recettes

Dans la colonne Rapidité, les temps de préparation et de cuisson sont additionnés.
Les temps de marinade, de réfrigération, de trempage et de repos ne sont pas compris.

L'édition originale de cet ouvrage a été publiée sous l'intitulé *Indonesisch kochen*
par Gräfe und Unzer Verlag GmbH, München.

Traduction : Mireille Touret
Secrétariat d'édition : Valérie Blondel
Maquette : Béatrice Lereclus

Dépôt légal : 2109-II-1996 - N° éditeur : 35601 - ISBN : 2-01-620672-1
62-62-0672-01-6

Impression : Canale, Turin (Italie).

PETITS PRATIQUES HACHETTE

100 titres disponibles

cuisine

- Agneau
- Barbecue
- Bœuf
- Brunchs
- Buffets
- Céréales
- Champignons
- Chocolat
- Cocktails
- Confitures, conserves
- Cuisine alsacienne
- Cuisine asiatique
- Cuisine pour bébés
- Cuisine bretonne
- Cuisine chinoise
- Cuisine aux condiments
- Cuisine créole
- Cuisine pour deux
- Cuisine facile
- Cuisine grecque
- Cuisine aux herbes
- Cuisine indienne
- Cuisine italienne
- Cuisine libanaise
- Cuisine marocaine
- Cuisine orientale
- Cuisine pour une personne
- Cuisine provençale
- Cuisine russe
- Cuisine tex-mex
- Cuisine au tofou
- Cuisine végétarienne
- Desserts
- Entrées et hors-d'œuvre
- Fondues
- Fruits exotiques
- Gratins et soufflés
- Le goût en quatre saveurs
- Légumes
- Mets et vins
- Oeufs
- Pâtes
- Pâtisserie
- Petits gâteaux
- Pizzas et tourtes
- Plats mijotés
- Poissons
- Pomme de terre
- Riz
- Salades composées
- Salades variées
- Sauces
- Soupes et potages
- Tartes et gâteaux
- Veau
- Volailles

animaux

- Aquariums
- Aquarium, les plantes
- Boxers
- Canari
- Caniches
- Chats
- Chiens
- Chinchillas
- Cochon d'Inde
- Hamster
- Perruche callopsitte
- Perruches ondulées
- Lapin nain
- Oiseaux du jardin
- Perroquets
- Petits chiens
- Poissons rouges
- Teckels
- Tortues
- Westies
- Yorkshires

jardinage

- Bambous
- Bégonias
- Bonsaî
- Bouquets
- Bouturages
- Cactus
- Fleurs à bulbes
- Géraniums, pélargoniums
- Jardin de mois en mois
- Orchidées
- Palmiers
- Pelouses et gazons
- Plantes aromatiques
- Plantes d'intérieur
- Potager
- Rhododendrons, azalées
- Roses
- Taille

décoration

- Couronnes de fêtes
- Encadrement
- Fleurs séchées
- Rideaux - Coussins *

* Nouveautées à paraître.

Hachette, côté pratique